デンマーク発

高齢者ケア
への挑戦
ケアの高度化と人財養成

汲田千賀子 編著

法律文化社

はじめに

　デンマーク政府は2020年12月「グットエルダーライフ」という文字通り "よりよき老後" を実現するために，5610万 DKK（約10億円）の財源を示しながら，政策の方向性に関して政治的合意をした。よい老後の条件とは，ヘルシーエイジングの実現であり，そのためには特に虚弱や孤独のリスクの高い高齢者グループにフォーカスし，だれもが安心して老いを迎えることができるようにしようとするものである。

　日本では，ピンピンコロリへの願望が高い。病気を患い，長い療養の末に人生を全うするのではなく，できれば元気な時間をできるだけ長く，そして療養生活がないままに亡くなりたいという願いである。しかし人生100年時代に突入してきた21世紀半ばにおいては，「老いる」という意味が変化し，安心して老いることが難しくなった。

　人は他者からの世話が必要となったとき，果たして誰に世話を委ねたら，安心して「老いる」ことができるのか。筆者がこうした疑問をもっていたところ，デンマークの高齢者ケアと出会う機会があった。そして「その人らしく生ききる」ことを大事にしている実践と，遭遇した。「その人らしく」というコンセプト自体は，そう目新しいものではない。しかしそのことを具体化し，進化させてきているところに，興味を持ったのである。

　デンマークの現場を訪ね見聞きした実践を話すと，日本のケア現場の方々は「これくらいのこと，自分の職場でもやっている」とおっしゃる。確かに，字面で何をしているのかを説明すれば，さほど変わらないのかもしれない。しかし，研究という立場でケア現場の実践に関わってきた者からすると，「なにかが違う」のである。それは，ヨーロッパという雰囲気でそう見えたのかとも思いつつ，この「なにかが違う」を追いかけて気づけば15年になろうとしてい

る。

　では，一体なにがどう違うのか。そこについて本書で追究してみた。

　そもそも，「ケア」とはなにか。これまで多くの研究者や実践者が表現しているが，ここで仮に以下のように定義しておきたい。

　ケアとは，「その人，一人ひとりの人生に対峙し，その人がどのような状態になったとしても，その人の思いに寄り添い，その人の暮らしを保持し，いのちの最期までを支え続ける社会的行為」である。

　そのことを可能にするには一定の条件整備が必要となる。国，自治体が一体となって制度設計を行い，財源を確保し，このような取り組みに社会的コンセンサスを形成し，それを基盤に実践が展開できる場と人財を確保していくことが求められる。

　人が生まれ，成長していく過程では，生活に困難を生じるような精神的・身体的状況になることも十分想定される。また人は時を重ねれば，必ず老いていく。そういった時に，他者からの支援は必要不可欠となる。これまで，その多くの部分を家族が担ってきたが，もう家族のみで担うことが困難となってきている。超高齢時代人口減少社会の高齢者ケアにおいて，「社会化」は必然である。そうなれば，その担い手の確保とその人財が持つスキルの向上もまた必然なのである。斎藤幸平の『人新世の「資本論」』（集英社，2020年，313）によれば，「ケア労働の部門において，オートメーション化を進めるのはかなり困難である。ケアやコミュニケーションが重視される社会的再生産の領域では，画一化やマニュアル化を徹底しようとしても，求められている作業は複雑で多岐にわたるため，イレギュラーな要素が常に発生してしまう。このイレギュラーな要素はどうしても排除できないため，ロボットやAIでは対処しきれないのである」と指摘している。つまり，ケア労働は，人が行う労働としてこれから先も存在し，続けなければならないのである。

　本書は，こうした時代背景の中で，今日的課題である高齢者ケアの課題，誰にケアを委ねればよいのかということ，その担い手をどのように養成，確保していけばよいのかについて，どう応えていけばよいのかの糸口を見出そうとす

るものである。そのため，あえて「人財」(human capital) と表記し，「投資によって価値を高めることができる人的資本」という概念を用いている。ここでいう投資とは，養成教育，ケア環境の改善，福祉専門職の継続した学びの保障などである。これらはケアの高度化に向けて必要なものであり，本書では認知症ケアや人財養成にいち早く取り組んできたデンマークの制度・政策・実践を紹介しながら，今後の方向性を探っていきたい。

最後に，15年間デンマークでの研究を現地通訳としてサポートいただいた，マイヤー和子氏には大変感謝している。また，本書の内容に関心をもってくださり，出版をご快諾いただいた法律文化社様，出版社との調整・原稿の編集・校正にご尽力いただいたにこん社の北坂恭子氏に，心より感謝申し上げたい。

本書は，同朋大学特定研究助成を受けて出版することができた。記して関係各位にお礼申し上げる。

2023年 1 月

編著者

目　次

第1章

高齢者介護に求められる「ケアの高度化」とはなにか

・・・

本章では，日本のこれまでの高齢者介護に関して概観し，総括をするとともに，今後取り組んでいかなければならない課題について提示した。認知症ケアが主流となっている今日，今後の高齢者介護に求められるのは，福祉・介護政策の改革であり，かつ現場の構造改革であり，専門職のスキルの向上である。求められているのは「介護からケアへの変革」という方向性であり，集団処遇から個別ケアへの転換を基本とした，「最低基準遵守型」という呪縛からの解放による，「ケアの高度化」なのである。

1 日本の21世紀の高齢者介護の対象像

身体介護中心の高齢者介護の対象

現在の日本の高齢者介護における制度上の対象は，要介護度という尺度により選別された，介護保険サービスの提供を受ける高齢者である。

本節では，こうした高齢者介護をどのように規定してきたかについて，振り返りながら，これからの高齢者介護の対象像について考えていきたい。

これまでの高齢者介護の対象像を考えるとき，明確な指標となるものの一つに，「老人ホームの入所要件」がある。まず，その要件の変遷について，みておきたい。

日本の場合，老人福祉法の制定時に，対象像ごとに施策を分類してきた。このことは高齢者分野に限ったことではなく，福祉六法下では，児童，障害分野においても同じように施策を分類することで専門分化してきたのである。

高齢者に関しては，対象属性だけでなく，その状態像によっても分類し，利用するサービスに関して様々に種別化してきた。たとえば，特別養護老人ホームへの入所の要件については，老人福祉法においては，「65歳以上であって，身体的又は精神上著しい障害のため，常時の介護を必要とし，かつ，居宅においてこれを受けることが困難なもの」とされてきた。また，1964（昭和39）年9月には，老人福祉課長通知によって，「1　伝染性疾患を有し，他の被措置者等に伝染させるおそれがある者　2　精神障害があり，他の被措置者等に著しい迷惑を及ぼすおそれがある者」を収容対象から除外することとされている。このように，高齢者介護の対象像は，日常生活において自立できていないという状況に対して，要介護という対象像を想定したのであった。そして，そうした状態像に合わせて介護・世話を行っていくという取り組みがなされてきたのである。

　すなわち，施設介護を要するという状態像は，①食事，排便，寝起きなど日常生活の用の大半を他の介助によらなければならない状態であり，②その状態が継続する場合であると考えられていた。

　やがて，老人ホームの社会的役割が拡大していくにしたがって，老人ホームのあり方について検討されるようになった。特別養護老人ホームの需要が拡大するとの見通しが指摘され，1972年には「『老人ホームのあり方』に関する中間意見」（中央社会福祉審議会老人福祉専門分科会）がまとめられ，そのなかで「老人ホームは居住性が高く，かつ，老人の心身機能状態に応じた手厚い福祉ケアーを充足できるものに変化すべきである」とされ，「老人ホームは『収容の場』から『生活の場』へと高め，福祉ケアーとしての老人の心身に応じた内容と，個人のプライバシーを重んずる一般の住居水準に劣らない内容とを有するようにすべき」と見解が示された。さらに，「ケアーを要する老人は所得の如何にかかわらず，その心身機能に応じて入所できるような体系へと移行すべきである。ナーシングホーム，中間施設，精神障害老人あるいは身体障害老人向けの専門施設の必要性→盲養護老人ホームや 心身機能が低下した老人に対しては，特に，介護，医療，リハビリテーション等に必要な機能の整備が重視

されるべきである」とさらなる「対象の状態像別種別ごと」の体系化という見解が示された。

1977年の「今後の老人ホームのあり方について」(中央社会福祉審議会老人福祉専門分科会)では,「第1類型の老人＝常時濃厚な介護を要する老人,第2類型の老人＝心身機能の低下により独力で日常生活に適応することが困難である,第3類型の老人＝独力で日常生活に適応することが可能な老人」というように状態像別の種別の細分化が示唆された。また,この頃,高齢者介護というのは,その所得によって限定されるのではないのではないかとの見解が出され始め,結果,所得階層別の費用徴収制度が導入された。

これらの答申は「施設建設」がトレンドだった1970年代の方向性を示したものであり,貧困対策が主流であったそれまでの老人ホームをどのように作り変えていくかという方向性を示したものである。

このように,高齢者介護問題への対応としての老人ホームは,「介護,医療,リハビリテーション等に必要な機能の整備をすべきである」とされたのであった。さらには,「介護,医療,リハビリテーションを一体的運営する」という必要性が強調もされた。こうした結果,1980年代に入り,にわかに中間施設に関する議論(老人保健施設の創設)が活発化し,福祉政策としての特別養護老人ホームと,医療政策としての老人保健施設とで,介護現場が二分されたのであった。

この段階でも高齢者介護を必要とする対象像は,身体が非自立的状態にある高齢者であった。そして,そうした状態像に対し,リハビリテーションを導入することにより,身体の自立を可能にするという発想が主流であったのである。

日本型福祉社会における高齢者介護

老人家庭奉仕員事業(ホームヘルプサービス)の対象規定において,1982年の「家庭奉仕員派遣事業運営要綱」によって低所得層に限定されないという変更がなされ,利用者が拡大された。その対象は「身体上又は精神上の障害が

あって日常生活を営むのに支障がある」とされた。しかしながら，実際上は，その対象は身体的機能に重きをおいたものであった。その頃はまだ，現在よく見られるような，認知症高齢者が在宅でかつ一人暮らし，あるいは高齢者のみの世帯として，地域で生活を行うという認識は稀薄であった。

　一方，1980年代後半から強化された日本型福祉社会論では，政府が「同居の家族を福祉の含み資産」とするという高齢者介護への姿勢であったことから，高齢者介護の実施者は，まずは家族であるとされた。わが国の高齢者介護は，「家族同居型」モデルであり，その介護も身体的に非自立的な状態によって"できない"日常生活動作への援助に限られていた。

　このように，当時の日本の高齢者介護モデルでは，「身体的ケア」（日常生活能力（ADL）の低下に伴い起こってくる日常生活行動への援助）を，そのほとんどを「同居の家族が行う」と考えられていた。現在でもその傾向は依然として残っている。こうした介護モデルは，当然のこととして，家族の代替的機能として存在した社会福祉施設（老人ホーム）でも，サービス内容に反映されていた。こうして，1980年代以降は，介護が老人ホームにおけるサービスの主流となり，その大部分が身体介護であった。

2　日本における認知症ケア

介護者実態調査でみる日本の認知症ケア

　1980年代になり認知症高齢者は，ぼけ老人，痴呆性老人と呼ばれ，社会で注目されるようになってきた。そのきっかけともなったのが，全国社会福祉協議会民生委員児童委員協議会が，民生委員制度創設70周年を記念して，1985年9月に行った，「在宅痴呆性老人の介護者実態調査」である。全国で活動している民生委員に，手持ちのケースのなかで，痴呆性高齢者（現在の認知症高齢者）を介護しているひとがいた場合，1人1ケース調査を実施するというものであった。この調査は，国の調査に先駆けたものであり，民生委員のうち，3万3千名にもおよぶ在宅認知症高齢者の介護者実態調査となった。この調査によ

り，認知症高齢者を介護する介護者・家族は，高齢者に対する介護について，放棄できない不断の責任を負うものであり，その結果，①介護者の健康障害，②介護者の社会生活上の障害（離職など），③介護者自身の孤立感，焦燥感を強めているという実態，④家族関係にも不調和を生じかねない，という実態が明らかになった。また，認知症高齢者の介護は「24時間365日休むことのできない介護である」ということが明らかになった。その後，多くの調査が実施されたが，近年でもこうした状況に変化はないと思われる。

　東京都は，この調査に先んじて，東京都痴呆性老人対策委員会を設置し，1981年には「痴呆性老人に対する福祉施策について」と題して，その施策の必要性を訴えている。とはいえ，ぼけ老人あるいは痴呆性老人という言葉に現れているように，当時は，その実態が充分に解明されていなかった。ましてや認知症に対し，どのようなケアが必要かつ適正であるのかなど，その認識も知識も不十分な状態であった。そのため当時の厚生省は，省内に痴呆性老人対策推進本部を置き，検討に入った。1987年8月に出された報告書によれば，「痴呆性老人は，特有の精神症状や問題行動があるため，他の要介護老人（ねたきり老人）とは質・量とも異なった介護が必要であり，介護する側，とくに家族は多大の精神的，肉体的負担に苦悩することになるのが現状」だとされている。

　また前後して，1985年1月の社会保障審議会による「老人福祉の在り方について（建議）」において，「痴呆性老人のうち重介護を要する者に対する施策としては，痴呆性老人の特性を踏まえつつ，一般の重介護を要する老人と同じ施設で処遇することを基本とするとともに（中略），ただし，いわゆる問題行動が特に激しい老人は現在では精神病院で処遇せざるを得ないが，この場合でも，痴呆性老人の特性にかんがみ，看護職員の充実などの処遇の体制や方法について適切な配慮が成されなければならない」との見解が示された。

進む高齢化と介護モデルの変化

　わが国の長寿化の進行はめざましく，65歳以上の高齢化率でみると，1970年には7.1％（740万人），1980年には9.1％（1065万人），1990年には12.1％（1489

図1-1　わが国の高齢者施設マトリックス

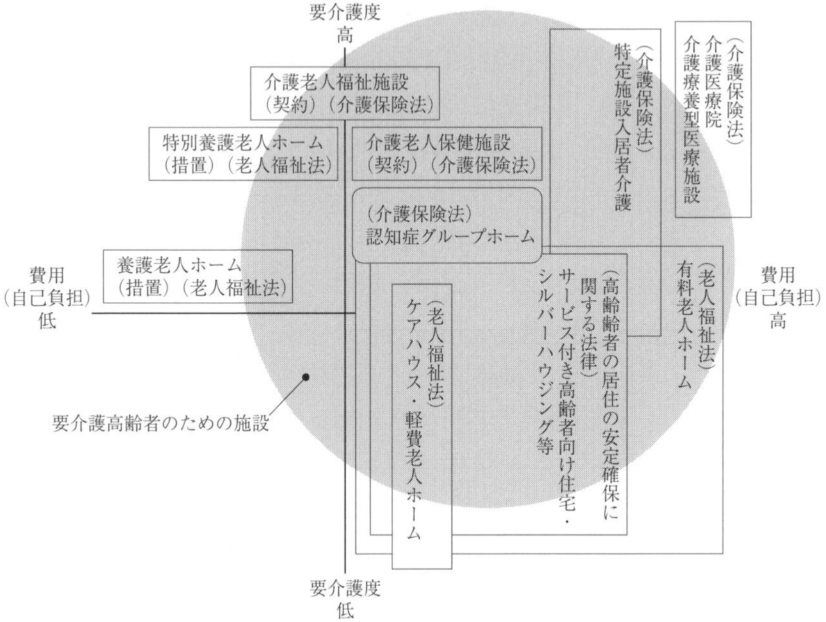

要介護度 高

介護老人福祉施設（契約）（介護保険法）

特別養護老人ホーム（措置）（老人福祉法）

介護老人保健施設（契約）（介護保険法）

特定施設入居者介護（介護保険法）

介護医療院　介護療養型医療施設（介護保険法）

（介護保険法）認知症グループホーム

費用（自己負担）低

費用（自己負担）高

養護老人ホーム（措置）（老人福祉法）

要介護高齢者のための施設

ケアハウス・軽費老人ホーム（老人福祉法）

高齢者の居住の安定確保に関する法律　サービス付き高齢者向け住宅・シルバーハウジング等

有料老人ホーム（老人福祉法）

要介護度 低

出所：筆者作成。

万人），2000年には17.4％（2201万人），2010年には23.0％（2924万人），2021年には28.9％（3621万人）であり，過去50年間比で割合は4倍，実数値で約5倍となっている。

平均寿命も，1970年では男性69.31歳，女性74.66歳であったが，20年後の1990年には男性75.92歳，女性81.90歳，30年後の2000年には男性77.72歳，女性84.60歳となった。2020年では，男性81.56歳，女性87.71歳となっている。まさに男女とも「人生80年あるいは90年時代」であり，超高齢時代に突入したのである。

現段階では，年齢が高くなるにつれ認知機能は低下し，認知症に罹患する確率が高くなると言われている。

日本は，長寿化による超高齢化と認知症高齢者の増加に，1990年代に入り一

挙に直面した。その結果，介護モデルにおいて「身体介護＋認知症ケア」という変容が起こった。同時期に高齢者の家族構成も「一人暮らしあるいは高齢者夫婦」が増大し，高齢者だけの生活スタイルが一般化してきた。

このようにして，長らく医療（病院）で治療の対象とされてきた認知症高齢者の介護が，老人ホームや地域でのケアという段階に突入したのである。

日本の場合，こうした高齢者介護の対象像の変化とその量的拡大の速度が速かったということもあり，その準備期間が充分ではなかったともいえる。このような急速な問題の進展に対し，旧来の老人ホームの量的拡大だけでは間に合わなかった。そのため**図1-1**のような施設形態の多様化が起こった。そこには，これまで以上に種別化が進展した。その分類には，介護度別，医療依存度別，認知症という病気の程度別という軸と，経済的負担別（制度上の位置づけとは別）という軸が交差しながら，介護サービスの提供の場の多様化が起こった。しかも1990年代以降の福祉見直しの論調のなかで，在宅での介護は，家族の構成員側の変容（単身世帯あるいは高齢者のみ世帯の拡大）を，充分に考慮されないまま進行したのであった。

超高齢になったとしても，その時に一人暮らしであったとしても，たとえ認知症などの病を持ったとしても，高齢者が自立して暮らし続けるためには，自身が希望する人生を全うできるように，介護サービス提供のあるべき姿の再検討が，21世紀の大きな宿題となってきているのである。

3　高齢期全般を視野に入れた日本の高齢者ケア

日本の高齢者介護は，単に身体的機能不全を補うだけの介護ではなく，認知障害を伴ったかつ超高齢期までの高齢期全般にわたる支援という視野を持つ必要があるという段階に突入している。

「介護の社会化」を目指した介護保険制度

現在，日本の社会福祉制度には，弱者救済に止まらず，国民全体の生活の安

定を支える役割を適切に果たすことが求められている。言い換えると普遍性を持った制度設計が，求められているといえる。そのためには，戦後まもなく制定された法体系や制度設計の枠組み（福祉の措置＝行政処分）だけでは，対応できないのでないだろうか。

こうした問いに答えるべく社会福祉基礎構造改革（2000年）をはじめとする一連の新介護システムへの転換の提案がなされてきた。その趣旨は，(1)対等な関係の確立（サービス利用者と提供者との），(2)個人の多様な需要（ニーズ）への総合的支援（福祉，保健，医療などの各種サービスが地域において相互に連携し，効果的に提供される体制＝地域包括ケアシステム），(3)信頼と納得が得られる質と効率性（そこには適正は競争原理を導入することにより良質なサービスを効率よく展開できる），(4)多様な主体による参入の促進（供給主体の多元化），(5)住民参加による福祉文化の形成（やがて地域共生社会へ連なっていく），(6)事業運営の透明性の確保（第三者機関による評価）などである。

高齢者自身が選択して，福祉（介護）サービスを利用し，「与えられる福祉」から「選ぶ福祉」への転換を図ろうとしたのである。

政策の方向性への疑問

こうした政策の方向性について，ここではいくつかの疑問点を提示しておきたい。

①　1960年代以降，高齢者福祉は社会情勢の要求によって，整備が進められてきた。確かに，社会経済の全体構造からみてもその拡充は，めざましいものであった。しかし，そうした拡充も，社会福祉領域での施設ケアと在宅ケア，リハビリに主眼をおいた施設ケア，在宅ケア，医療における病院内ケアと分断された状況での整備であったのではないか。ここまで，介護保険制度のなかでどのように統合かつ総合化されてきたのか。

②　高齢者介護が，「社会保険方式」で介護サービスが展開されるということについて，財源的には理解できるものの，提供される介護サービスの報酬なり報酬単価はどのような合理性を持って提示できるのか。医療保険と同様の運

営になるわけであるが，介護保険におけるサービス評価と，医療の場合の検査，診断，治療などの評価と同等にできるものなのか。

③　②に伴って，介護現場における人財への配置，評価をどう考えていくか。

④　年金：医療：福祉＝5：4：1から5：3：2へという振替について，当初は福祉の拡充につながるものと考えられてきたが，現在になってみてみると，むしろ重介護（医療依存度が高い）の高齢者を，装備（設備面，人財面で）が十分でない介護現場が担う結果となってしまったのではないか。また，同時に起こった医療改革（悪）において，地域医療の縮小再編が起こっていたことにより，介護現場により過重な負担がかかってきているのではないか。

⑤　「社会保険」方式の導入により，介護保険料負担と介護サービスの均衡が必要になったが，それが果たして可能なのか。また，介護保険料は現在40歳からの徴収になっているものの，介護サービスを実際に利用するまでには長い年月があることや，すべての保険加入者が介護サービスを利用するわけではないなど，国民に理解されるものとなっているのか。

⑥　「同居の家族を『福祉の含み資産』」として合意形成してきた日本型福祉社会であるが，介護している家族への報酬は介護保険制度のなかには含まれていない。在宅介護サービスを利用することは同居の家族がいても可能にはなったものの，日常的な介護への報酬は含まれてはいない。このまま，家族介護に依存できるのか。介護者問題は解消されていない。

⑦　「新介護システム」の指摘のなかで，介護サービスの拡大のために，サービス供給主体の多元化（市場化）が言われている。では，そうした場合の提供されるサービスの質保障はどのようなしくみでなされるのか。これまで，1986年の「長寿社会大綱」においてシルバーサービスが位置づけられ，翌年には，「今後のシルバーサービスの在り方について」（意見具申）がなされ，「利用者の所得が低いなどの理由で民間サービスが利用できない場合や民間サービスが不十分な場合に，公的サービスを適応すべき」などの指摘もされてきた。また，社団法人シルバーサービス振興会が設立され，社会的信頼を形成すべき

検討もされ，「民間事業者による在宅介護サービス及び在宅入浴サービスのガイドラインについて」や「ホームヘルパー派遣事業要綱」改正により，一定の要件を満たす民間事業者に拡大してきたが，どこまで，介護サービスの市場化をすることが妥当なのか，その場合の検討はどこでしていくのか。介護保険の運用主体は自治体だが，国はどこまで関与していくことができるか。

　⑧　厚生労働省は2017年に，「科学的裏付けに基づく介護に係る検討会」において，科学的介護を推進していくことを定めた。そのことから，2021年から「科学的介護情報システム（LIFE）」(旧CHASE) を本格的に運用していくことになった。国が示す「科学的介護」とは，科学的裏付け（エビデンス）に基づいた介護の実践であり，介護現場に対し，介護報酬の新たな加算として提示している。実施に関しては，過渡的段階であり，その動向を注視しなければならないが，介護現場からはその運用について疑問視される声が上がっている。
(1)

介護からケアへ

　わが国の特別養護老人ホームにおいて行わなくてはならない「介護」について，「特別養護老人ホームの設備及び運営に関する基準」においては，以下のように決められている。

　①　介護は，「入所者の自立の支援及び日常生活の充実」を目指すものであること

　②　それには，「適切な技術」をもって行わなくてはならないこと

　③　「1週間に2回以上」「適切な方法により」入浴又は清拭をすること

　④　心身の状態に応じて，排せつの自立について必要な援助を行わなくてはならない

　⑤　おむつを使用せざるを得ない場合は，「適切に」取り替えなければならない

　⑥　「離床・着替え・整容などの介護」を適切におこなわなければならない

　⑦　常時1人以上の常勤の介護職を従事させなくてはならない

図1-2 介護からケアへ

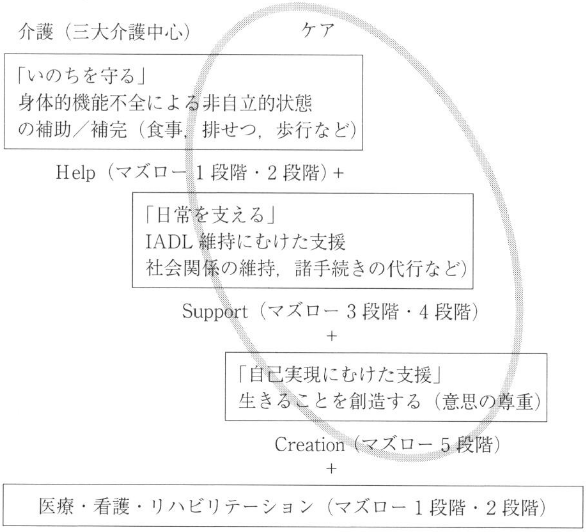

介護（三大介護中心） ケア

「いのちを守る」
身体的機能不全による非自立的状態
の補助／補完（食事，排せつ，歩行など）

Help（マズロー1段階・2段階）+

「日常を支える」
IADL維持にむけた支援
社会関係の維持，諸手続きの代行など）

Support（マズロー3段階・4段階）

+

「自己実現にむけた支援」
生きることを創造する（意思の尊重）

Creation（マズロー5段階）

+

医療・看護・リハビリテーション（マズロー1段階・2段階）

出所：筆者作成。

　⑧　食事は栄養，嗜好を考慮したものであり，適切な時間の提供が必要であり，可能な限り離床し，食堂で摂ること

　また，⑨相談，⑩入所者の状況把握，⑪リクリエーション行事を行うこと，⑫機能訓練，⑬健康管理などがその業務として盛り込まれている。

　これらはいわば**図1-2**で示すところの，Help（マズローの欲求段階説の1・2段階）にあたると考えられる。

　人間には普遍的な欲求があり，そうした欲求充足により，ひとは幸せを感じるのではないかというのが，マズローの欲求段階説である（1段階：生理の欲求，2段階：安全の欲求，3段階：所属の欲求，4段階：承認欲求，5段階：自己実現の欲求，さらにマズローは6段階目を設定し，それを自己超越欲求としている）。このことを参考にするならば，ひとはだれしも，「生きる」という欲求を持つものであり，生きるための手段として，食事を摂り，睡眠をし，排せつを行う。それは，いのち＝生命を維持したいと思っているからだ。ということか

ら，高齢者ケア（こうした生きることを支えるということから，高齢者介護ではなく高齢者ケアと表現をし直すことにする）の根幹には，この「いのち＝生命」をつなぐ行為が不可欠であり，要介護状態にある高齢者にとって，その一連の行為へのHelp（手助け，援助）がなくてはならない。

「三大介護＝食事，入浴，排せつ」は，最低限行われなくてはならない介護である。しかし，ひとが生きるということは，それだけではない。たとえば，日々安心して居ることができるという居場所の確保は，マズローの欲求段階説の2段階＝安全の欲求の充足にあたる。高齢者施設においては，居室の確保＝住む，住み続けられるということであり，その住まい（居室を含め）が，高齢者の状態にふさわしいものであるということになる。それが雑居のままでよいはずがないのであり，たとえ個室であっても，ただ単に寝る部屋があればよいというものではない。住まいとはそこで暮らすということであり，日々の暮らし（他者との懇談，趣味活動ができる，好きなテレビを自由に聴取できるなど）が展開できる機能がなくてはならない。

また，安全欲求を充足するということは，「どのような状態になっても住み続けられる（入所したままで）」ということも含む。そこには「終末期ケア」もあてはまる。終末期ケアは終末期をむかえた時に発生するのではなく，高齢者や家族が「死に臨む」という場面から始まる。家族や知人と，「死に臨む」時間をゆたかに過ごせるようにするケアである。

ケアの高度化を目指す

図1-2では，楕円で描いた部分が「介護からケアへの変革」を意味している。高齢者介護において，「いのちを守る」のは当然である。そうした「いのちを守る」ことを単に作業としてとらえるのではなく，いのちを守るための食事・入浴・排せつなどの行為のなかに，高齢者自身が「安心」を形成することができ，かつ自己の存在証明を感じることができるようなケアにしていかなくてはならない。こうした日々の絶え間ない工夫と努力の積み重ねを，本書では「ケアの高度化」と定義する。

たとえば，少人数でのユニットケアにおいて，食事を作る作業に参加することができ，「におい」「音」などを共に体験できるように仕掛ける。ユニットケアの本質はそうした，施設での日常のなかに，個々の高齢者の過去の暮らしを思い起こすような体験が盛り込まれていくところにある。施設での暮らしが，過去の日々の日常の「延長線」であるということを，実感できるような体験が求められるのである。

とするならば，高齢者施設の介護職は，個々の高齢者の「生活史」に熟知していなくてはならないであろうし，自宅での日常を再現するというのがケアの中核になくてはならない。それは何時に起床し，食事はどのようなリズムで行ってきたかという日常である。それらは，個々人の個別の生活スタイルであり，施設での生活はその「個別」を基本としなければならない。

今日，特別養護老人ホームでは，個室・ユニット型の形態が増えている。しかし，介護保険制度における居住費負担により，低所得層はこうした個室での生活空間は確保されず，多床室となっていることもまだまだ多い。

ここまで，現行の日本の新介護システムへの課題，そして「ケアの高度化」を可能にする実践を展開できる福祉のかたちについて考えてきた。以降，デンマークの高齢者ケアについて，同じ視点で検討していきたい。

4　福祉国家デンマークの高齢者福祉政策

福祉国家体制のモデル

エスピン＝アンデルセンによる福祉レジーム論の枠組みは，「今日いくつかの新しい問題提起がなされて[(2)]」いるとはいえ，福祉国家とは何かについて考える際に有効な分類であるといえる。エスピン＝アンデルセンは，福祉が生産され，それが国家，市場，家族の間に配分される総合的なあり方としての，「福祉レジーム」（福祉のかたち）の相違で福祉国家を以下の3つに類型化している[(3)]。

アメリカに代表される自由主義的福祉国家，ドイツなどに代表される保守主

義的福祉国家型，そして北欧諸国における社会民主主義的福祉国家型である。

　自由主義的福祉国家（アメリカなど）型は，政府は原則として国民生活に介入しないということを前提としている。自己責任・自助が重視され，自由な社会のかたちということになる。

　また，保守主義的福祉国家（ドイツなどをはじめとする大陸ヨーロッパ）型の特徴は，リスクの共同負担（連帯）と家族主義である。国家主義的考え方や，カトリック教会が社会サービスを主導的に担ってきたという伝統から，男女の性別役割分業などの伝統的な家族主義が温存され，社会保障制度は職域ごとの制度が中心となっている。その結果，社会保障給付は中程度であり，そうした政策は基本的には，家族が扶養責任を果たせないときのために，機能するという考え方である。

　それらに比べ社会民主主義的福祉国家（北欧）型は，リスクを包括的に社会全体で担っていくという特徴を持つ。社会保障を受ける権利は，すべての国民に共通にあるという考え方であり（普遍主義），家族や市場が福祉に果たす役割は小さく，国家および自治体が中心的役割を担っている。生活上のリスクを社会的なしくみでカバーする範囲が広いこともあり，国民の政治への参加度も高く，社会サービスの給付水準も高く，そのために社会保障給付（支出）も高くなることから，国民の負担も高くなる。いわゆる高負担・高福祉である。雇用機会の確保についていえば，職業訓練や支援などのメニューが豊富に用意されていることから，労働力の移転が活発であり，失業率は比較的低い傾向にある。

　このように，医療・介護・福祉政策は国家がどのような選択を行うかによって，その形態は大きく異なってくるのである。日本の場合，エスピン＝アンデルセンが示した，福祉レジームのなかで親和性の高いのは，ドイツ，フランス，イタリアに代表される保守主義的福祉国家となる。しかし，ここまで見てきたように，これからの日本の高齢者介護にとって，どのような選択が，私たちにとって有効なのかを考慮したとき，むしろ少々大胆ではあるが，社会民主主義的福祉国家（北欧）型の高負担・高福祉の構造を比較対象としつつ，考察

できないか，と筆者は考えたのである。

　そして，今後の高齢者ケアにとって重要な，介護福祉人財の養成を養成現場，介護現場，自治体の三位一体で行ってきているという点においてデンマークを評価し，かつ自治体（コムーネ）の独自性という部分も考えながら，本書においてデンマークを，日本の比較対象とおくことにしたのである。

デンマークにおける社会福祉政策のフレームワーク

　デンマークの人口は，2019年現在580万6千人余り，わが国のおよそ20分の1である。2019年現在の高齢化率は19.6％（日本は28.4％，デンマークも2040年には24.6％まで上昇すると予測されている）であり，2018年現在の特殊出生率は1.73人（日本は1.36人）である。デンマークは，医療（歯科を除いて）・介護・保育・教育などの主要な社会サービスを国民のすべてが，無償ないしは低廉な額で利用できるように提供されている。また，すべての国民に租税を財源とした国民年金が給付されている。こうしたことを実現させるために，税率が高くなっている（2017年度現在，国民負担率は日本の43.3％に対し，デンマークは68.2％，租税負担率は日本が25.5％に対し，デンマークは64.2％）。

　すべての市民が，必要に応じて社会保障を受けることができるということ（普遍主義）であり，社会保障，社会サービスのほとんどが税によって賄われているという構造になっている。そのために，公的責任が強調され，社会サービスの整備は公的セクターの責任によって行われてきている。しかしその需要の拡大による自治体の対応力の問題から，近年，介護サービスの市場化が進行してきている。[4]

　子どもや高齢者，障害者のための社会サービスの整備は，労働生活と家族生活をうまく運営することができるものとして，重要であると考えられている。そして，具体的な方策については，地方自治体の自律性（autonmy）を大事にしている。

　デンマークの社会サービスで大事にされているのが，ユーザーデモクラシー（市民，消費者主体）という考え方である。たとえば，高齢者施設を建設する場

合には，自治体が提案をするものの，その建設には自治体のなかに委員会を設置し，そのメンバーには当事者（高齢者施設であれば，地域住民のなかの高齢者）や，すでに福祉施設で仕事をしている介護の専門職が加わり，協議するというような運営となっている。

デンマークの高齢者施策の主な柱

デンマークにおいて，主な高齢者施策（以下参照）は，社会サービス法に則って運営されている。年金以外についての介護サービスについては，その提供責任は自治体（コムーネ）である。

自治体が主となって行っている，高齢者施策について紹介しておくと，高齢者のための住宅，ホームヘルプサービス，デイセンター，シニアセンターなどの通所型サービス，予防的家庭訪問（75歳になると自治体（コムーネ）の専門員が高齢者の自宅を訪問し，その状態把握を行い，利用できる支援や参加できる活動についての情報を提供する。80歳以上の高齢者に対しては，毎年最低1回以上の訪問が自治体（コムーネ）に義務付けられている），リハビリテーション（近年，自立支援の一環として，各種のアクティビティプログラムの開発とともに，力点がおかれている）などがある。ネットワークシステムは，個別的なそして実質的な手助けのほか，地方自治体の一般的なケアサービスは，ボランティアグループとの連携や，デイセンターの活動などとの連携を形成する。こうした関係は，認知症ケアにも応用され，地方自治体と保健サービスとの関係にも援用されている，死の看取りケアのための補償（自宅で最期を迎えたいと願うひとのためのケアを行おうとすると，そのために家族のうちのメンバーが仕事を失うことになる。そのための収入の補填である），高齢者住民委員会（60歳以上の住民により，行政の様々な分野での仕事に対して，意見を言うことができ，改善要求を出すことができる。60歳以上の住民の選挙によって委員の選出が行われる），認知症高齢者のためのケアなどである。

こうした施策の根底には，「たとえ病人であっても，まず何よりも一人の人間としての尊厳をもつ。そのひとは認知症という病気をもっているにすぎな

い」という考え方があり，施策の根底にあるのが，「高齢者三原則」である。

「高齢者三原則」とは

2003年に，日本における高齢者介護についての検討（「2015年の高齢者介護～高齢者の尊厳を支えるケアの確立に向けて～」2003年6月）のなかで，「早めの住み替え」が話題となったことがある。その根底には，「高齢者が尊厳をもって暮らすこと」を確保することが最も重要である，ということがあった。

「2015年の高齢者介護」では，高齢者がたとえ介護を必要とする状態になっても，そのひとらしい生活を自分の意思で送ることを可能とすること，すなわち「高齢者の尊厳を支えるケア」の実現が重要とされた。高齢者自身が選択して，高齢者自身がもっている能力を開発し，自分らしい老後を形成することが強調された。

また具体的には，尊厳を支えるケアの確立への方策として，下記の4つがあげられた。①介護予防・リハビリテーションの充実，②生活の継続性を維持するための，新しい介護サービス体系，③新しいケアモデルの確立＝痴呆性（認知症）高齢者ケア，④サービスの質の確保と向上である。目指したのは，生活の継続性を維持するための，新しい介護サービス体系を形成することであった。

こうした構想に影響を与えたのが，以下のデンマークの「高齢者三原則」である。

① 生活の継続性（continuity in the individual's life）

自宅から高齢者住への住み替えなどが生じた場合に，必要になることであり，高齢期の生活スタイルとして，自らが形成してきた暮らし方を維持することが重要だということである。「早めの住み替え」（デンマークではこのように表現する）によって自宅から高齢者住宅へ住み替えたとしても，部屋で使用する家具，生活のリズムは変わらない。そのことは認知症になっても変わらない，という暮らし方を表している。

② 残存機能の活用（use of personal resources）

過剰な介護はやめて，高齢者自身が，自身の力を使って自立・自律的に生きていけるようにするという考え方である。「背中に手をあてる」というようにデンマークでは表現するが，本人ができるような手助けを，時間がかかってもする，という姿勢である。また，高齢者自身が培ってきた経験知を大事にするということでもあり，「背中に背負ったバスケットからその方の知力，能力を引き出す」とも言われている。

③ 自己選択・自己決定（self-determination）

①，②の前提になるのが，自己選択・自己決定であるということである。高齢者の暮らし方，生き方は高齢者自身が選ぶものであり，そのことを周囲は尊重した支援を行うということである。自己選択・自己決定は，高齢者ケアにだけ言われていることではなく，どのような場合でも尊重されなければならないと考えられているが，たとえ認知症になったとしても高齢者自身の意思をできる限り尊重するという考え方である。

こうした「高齢者三原則」を作り出した背景には，1970年代初めからのプライエム（介護ホーム）の建設ラッシュによってもたらされた問題があった。こうした施設形態での高齢者へのサービスの質に対して，住民から抗議が殺到したのであった。マスコミにもプライエムの状況が取り上げられ，当時の政府はこの問題を重視し，1979年に社会省に高齢者政策委員会を設置し，議論を重ねた。各自治体（コムーネ）には，ワーキンググループが設けられ，高齢者自身も参加するという形式で設置された。その数は100を超えたと報告されている。1982年にまとめられた答申の内容について触れておくと，①高齢者は，ケアされることを求めているのではなく，むしろ社会的な交流や役割を持ち続けることを望んでいる。②しかしながら，多くの高齢者が，なんらかのだれかの援助を受けなければ外出できない状況にある。③住居に関する問題こそが，最も重要なかつ深刻な問題である。

ここで，高齢者にとっての外出は，単に外に出るための支援ということではなく，高齢者自身が「行き場所」「行きたい場所」があるかという問題でもあ

るということなのである。社会との接点，交流を持ち続けることによって，生きる気概を持つことが可能になるということであった。こうした発見から生み出されたのが，「高齢者三原則」であり，今日においても政策，実践の支柱となっているのである。

　デンマークの高齢者ケアは，1980年代後半に大きく変化したといえる。それまでの「介護（care）」から「自立の支援（self-help）」へ，その人間観も「介護の対象」から「生きる主体」へと変容したのであった。

施設凍結を掲げたデンマークと機能別に分化させてきた日本

　デンマークでは，1987年の高齢者・障害者住宅法を契機に，プライエムの新設を凍結させた。それ以降，できるだけ長く自宅で暮らす，そのための支援を行うと同時に，高齢者が安心して暮らし続けられる「住宅＋ケア」へと変換していったのである。一方，日本は，高齢者介護の拠点となるべき老人ホームについては，すでに説明してきたように，介護度別，医療依存度別，認知症という病気の程度別を軸に，経済的負担別という角度から，多様な場が作られてきた。しかし現在でも，高齢者の居場所としての住居の確保問題は，解消していない。

　これは，老人福祉法の制定時に，高齢者に対する住宅政策が重要であるとの指摘を受け，高齢者のための公営住宅の整備が議論の遡上に乗ったものの，老人福祉法のなかには盛り込まれなかったことも一つの理由としてあげられる。

　今日サービス付き高齢者向け住宅という新たな形態が作られ，利用されている。しかしながら，これらは住宅政策としての展開であり，住宅に介護が外部から提供される。介護保険制度による，特定施設入居者生活介護としての提供となるのである。一見，似通った制度設計なのだが，デンマークの「住宅とケア」とはどのような差異があるのかについて考えていく。

1950年代の養老院改善

　当然ながら，デンマークにおいても救貧院の時代があった。キリスト教的博

愛主義のもと，教会による施設保護がなされていた。病気，高齢，貧困そして身寄りがないものに対する慈善が長い間主流であった。

　1891年に高齢者扶助法と救貧法が制定され，慈善から社会的保護の時代へと移行した。しかし，高齢者が救貧の対象からはずされたことから，虚弱な高齢者の行き場所が必要となり，養老院が作られることになった。20世紀はじめには，コペンハーゲン市総合病院の隣にデンマークで初めての養老院「サレム」（救貧院）が建てられた。

　1933年には社会改革法が制定され，権利としての福祉という理念が確認され，福祉は一部の貧しいひとのためだけにあるのではなく，国民全体に提供される“サービス”であると認識された。

　第二次世界大戦をまたいで，1950年に入ると，養老院の環境改善が訴えられるようになる。1952年には養老院ガイドラインが定められている(5)。そうした内容が，当時のデンマークの国民あるいは当時の福祉施設の居住水準に照らして果たしてどのくらいの水準であるのかは定かではないが，施設の規模を小規模にすること，個室であることなど，その内容は革新的なものであったにちがいない。

　上記の基準を満たすものだけが，低利の融資を受けられるということにしたため，居住環境はかなり改善されたようである。これが後のプライエムである。

プライエム全盛とその反省

　日本では1972年に社会福祉施設緊急整備5カ年計画が打ち出され，それ以降，特別養護老人ホームや障害児者関係の施設が整備されてきた。デンマークでも同様に，1950年代後半から60年代にかけて，経済の好況を背景に，完全雇用を達成するまでになり，こうした財政基盤を基に国民年金法が制定され，プライエムの建設が進められた。

　プライエムとは，「介護（pleje）」の「家（hjem）」という意味で，わが国の特別養護老人ホームに該当する。ただし，日本の特別養護老人ホームの設立の

経緯とは異なっており，先にも述べたように，養老院のリノベーションがベースになっていることや，家族の介護が期待できない家族関係であることや，在宅での生活が困難となった重介護を必要とする場合の利用ということで施設内での医療が必要とされていることなど「介護」の意味は必ずしも同義語ではない。しかも，養老院時代にすでに個室がガイドラインに設定されていたことから，介護と居住の両者が充足されるものであるという，必要性があった。

　1967年にはプライエムのガイドラインが設定され，①個室が基本，②トイレ，シャワー付であること，③緊急時のためのアラーム付，④居室の面積は17㎡前後，⑤ベッドは施設の物を使用するが，家具は使い慣れたものを自由に持ち込んでよい。ない場合は市が支給するとある。

　ちょうどこの時期，わが国でも「特別養護老人ホーム及び養護老人ホームの設備運営に関する基準」が1966年に設定されている。居室に関しては，雑居が基本で，特別養護老人ホームでは一居室の定員は原則８人以下，養護老人ホームでは原則４人以下というものであり，その後特別養護老人ホームは４人以下，養護老人ホームは２人以下となったものの，依然として「雑居」は継続した。2002年から新型特別養護老人ホームの新設に限り，ようやく個室が制度化された。

　デンマークでも1970年代には，プライエムが多く新設されていった。必ずしもガイドライン通りにはならず，その規模は100室とかそれ以上の大規模になってしまった。プライエムが増設された一方で，高齢者の住まい方も多様化し，ケア付住宅である「保護住宅」や「高齢者向け集合住宅」などが建設された。

　しかし，ノーマライゼーションを生み出した国であるデンマークでは，こうした施設の大規模化，画一化は市民の反発となり，以下のような反省がなされた。[6]

　①　プライエムでの暮らしは，個室を基本として営まれているが，あくまで集団処遇であり，ミニ病院化している。

　②　同時にこの時期は，「社会的入院」が存在し，待機者問題が深刻であ

り，入居の適正化を図る必要があった。

　③　高齢者は介護されたがっているのではなく，自立した生活がおくりたいのであって，"施設での介護より，自立して生きるための支援"を望んでいるのだ。

　④　経済的にも効率よく"自立支援"ができるのは，在宅でサービスを受けられるシステムをつくることである。

　こうした指摘のなかで，デンマークはプライエムの新設を行わないという政策の変更をしたのである。在宅での24時間ケア体制への取り組みへと政策転換をしていった。このように，パブリック・セクターによる無料で利用できる在宅ケアの充実が，デンマークがこの時期にとった戦略であった。

高齢者住宅法制定とそれ以降の老人ホーム

　デンマークでは，プライエムの建設を行わないという一方で，1987年に高齢者住宅法を制定させた。つまり，在宅で住み続けるためには，暮らしの場面である住宅の整備を行うことが肝心であるという考え方である。住宅を福祉の基盤と考えるといいことであり，在宅ケアの推進の鍵であるという考え方でもある。

　その内容についてまとめてみると以下のようになる。①キッチン，バス，トイレ，上下水道などの設備が整っていること。広さは67㎡以上であること，②車いす使用者や障害者に配慮した構造であること。住戸内部がバリアフリーであること。2階以上の住宅にはエレベーターを設置すること，③緊急警報装置が設置されており，24時間対応が可能なヘルパーステーションとの連携がとれていること，④共用ルームがあること，⑤交通や生活施設へのアクセスがよいことなどである。

　この結果，多様な高齢者住宅が大量に建設されていった。では，こうした政策の転換のなかで，"施設"はなくなったのかということであるが，デンマークがとった方向は，まず古くて条件のよくないプライエムから作り変えるということであった。あくまで，どこにいても，だれでもが平等にケアが受けられ

るという条件の整備を行っていったのである。また，その作り変えは高齢者住宅法に則ったものであり，先に述べた条件によるリノベーションである。

こうして誕生したのが，プライエボーリ（ポストプライエムであり，自宅に限りなく近づけるというのが意図であった）と呼ばれている高齢者施設ではあるが，限りなく自宅に近い生活が可能な施設である。1998年には，社会サービス法が改正され，施設という概念が廃止された。プライエボーリは，住宅とケアがパッケージになっているサービスであるという理解である。すなわち，プライエボーリという場で生活しているのであって，あくまで住宅であると見なす。プライエボーリで暮らすのであれば，そこでの居住費用が調達される。もちろん所得によっては，自治体が不足分を補う。「住宅とケアの柔軟な組み合わせ」により，在宅と施設を一元化・統合したのである。

5　高齢者ケアに求められる「ケアの高度化」

ここまで述べてきたように，デンマークにおける高齢者ケアとは，高齢者自身の生活スタイルを維持しつつ，高齢期に起こってくる要介護状態（認知症を含めて）をも包含しつつ，包括ケアとして位置づけ，継続し，自己選択，自己決定に基づいた介護サービスを適切に利用し，自立的生活を最期まで継続していくことなのである。とすると，その介護現場は，こうした視点に基づき，変革されなければならない。

図1−3は，日本の高齢者介護施設の変遷を老人福祉法以降から今日までを3区分とし，①状態別体系化と「最低基準遵守」，②「収容の場」から「生活の場」への転換への示唆と量的整備の矛盾，③新型特養，個室＋ユニットごとの日常生活の展開，認知症グループホームの整備として分類した。確かに，個室型の空間整備を可能にしたこと，家庭生活に近づけるということを念頭に，生活の継続性を作り出そうとしている取り組みが徐々に実現し始めているとはいえる。

しかしながら，いまなお，個人の尊厳と個人の意思決定に基づいた高齢者介

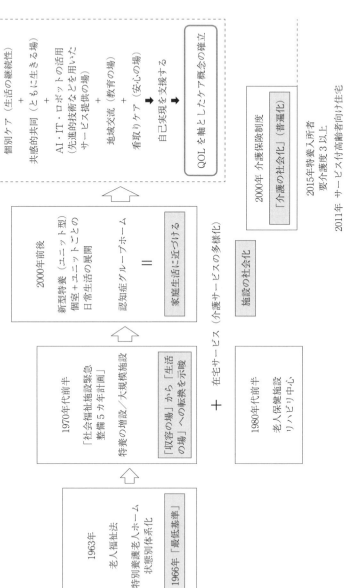

図1-3 日本の高齢者施設ケアの変遷

1963年
老人福祉法
特別養護老人ホーム
状態別体系化
1966年「最低基準」

1970年代前半
「社会福祉施設緊急
整備5カ年計画」
特養の増設／大規模施設
「収容の場」から「生活
の場」への転換を示唆

2000年前後
新型特養（ユニット型）
個室＋ユニットごとの
日常生活の展開
＝
認知症グループホーム
家庭生活に近づける

個別ケア（生活の継続性）
＋
共感的共同（ともに生きる場）
＋
AI・IT・ロボットの活用
（先進的技術などを用いた
サービス提供の場）
＋
地域交流（教育の場）
＋
看取りケア（安心の場）
↓
自己実現を支援する

QOLを軸としたケア概念の確立

＋ 在宅サービス（介護サービスの多様化）

1980年代前半
老人保健施設
リハビリ中心

施設の社会化

2000年 介護保険制度
「介護の社会化」（普遍化）

2015年特養入所者
要介護度3以上

2011年 サービス付高齢者向け住宅

出所：筆者作成。

24

図1-4　ケアの構成要素

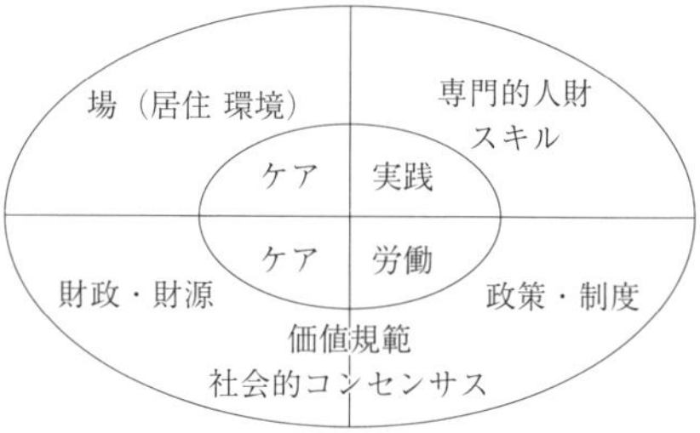

出所：筆者作成。

護への道は遠い。つまり，**図1-3**の4つ目の区分として，点線で囲ったなかにあるケア，総称するならばQOL（生活の質）を軸としたケアの確立にむけての不断の工夫と努力が必要である。

　これら工夫と努力が，現在や近未来の高齢者ケアに不可欠なのである。それには，**図1-4**のようなケアの構成要素が機能することであり，社会全体のコンセンサスがそうした方向を指示することに他ならない

　ケアとは，そのひと，一人ひとりの人生に対峙し，そのひとがどのような状態になったとしても，そのひとの思いに寄り添い，そのひとの暮らしを保持し，いのちの最期までを支え続ける社会的行為である。そして，そのことを可能にするにはその条件（**図1-4**のケアの構成要素）の整備をしていくことになる。国，自治体が一体となり，制度設計を行い，財源を確保し，こうしたことに取り組むことへの社会的コンセンサスを形成し，そうした基盤を基に，実践場面としての場と人財を確保していくということに他ならない。つまり，「ケアの高度化」とは，ケアを構成する要素が，それぞれに機能し，よりよい状態にしていくために，不断の努力と工夫を重ねていくことなのである。

　そこで本書では，日本の高齢者介護の現場実践をふまえながら，デンマークをモデルとし，日本の高齢者ケアにおける「ケアの高度化」への手がかりを探ってみたいと考えている。

　＊本章の内容はJSPS科研費JP20K02197の助成を受けた成果の一部である。

注

(1) 『月刊ゆたかなくらし』2021/ 9 月号，NO.470，59-63，において，「ケアの質向上に向けた科学的介護情報システム（LIFE）にもの申す‼」として特集が組まれており，現場からの声を掲載している。そのなかで，現場は「科学的介護」という方向性については歓迎するものの，厚生労働省からのフイードバックが届かないとか，そのアクセスが難しい，入力に手間がかかる，その効果が見えにくいなどの意見が寄せられている。

(2) 宮本太郎（2003）「第 1 章　福祉レジーム論の展開と課題―エスピン・アンデルセンを越えて」埋橋孝文編著『比較のなかの福祉国家』ミネルヴァ書房，18.

(3) （2）と同じ。

(4) 民間セクターが参入し，利用者は民間セクターが提供する介護サービス（多くはホームヘルプサービス）を選択することができるようになってきている。しかし，その場合にも自己負担はなく，かかった費用については自治体が負担することになっている。また，こうした民間の事業所に対し，自治体は財源の責任を持つと同時に，事業所に対する監督責任を負うことになっている。

(5) デンマークのプライエムに関しては，中田雅美（2013）「第 4 章　「住まう」ことにこだわるデンマーク」野口典子編著『デンマークの選択・日本への視座』中央法規出版，101-134，による。ガイドラインの主な内容は，①施設の入所人数は20人以下が望ましい，②部屋は個室で，面積は11㎡（12㎡が望ましい），③洗面台を各部屋に設置，④トイレは同性の老人に 1 か所，バスタブは20人に 1 つ設置，などである。

(6) デンマークにおけるプライエムからの脱却については，松岡洋子（2001）「第 3 章　これまでの施設ケアとその反省」『「老人ホーム」を超えて――21世紀・デンマーク高齢者福祉レポート』クリエイツかもがわ，121-131，を参考にまとめた。

参考文献

野口典子（1997）「高齢者に対する「施設」ケアの基本理念と施設のあり方に関する試論」『中部学院大学研究紀要』創刊号.

長谷川美貴子（2013）「ケア概念の検討」『淑徳短期大学研究紀要第53号』127－135.

メーリン，E.・オールセン，R.B. ／東翔会監訳（2003）『デンマーク発　痴呆介護

ハンドブック——介護にユーモアとファンタジーを』ミネルヴァ書房.

小池直人（2017）『デンマーク共同社会の歴史と思想——新たな福祉国家の生成』大月書店.

種橋征子（2017）『介護現場における「ケア」とは何か——介護職員と利用者の相互作用による「成長」』ミネルヴァ書房.

Bertelesen, T.M.・Rostgaard, T.／石黒暢監訳（2018）「デンマークにおける高齢者介護の市場化——自由選択，質の向上と効率化の追求」斎藤弥生・石黒暢編著『市場化のなかの北欧諸国と日本の介護　その変容と多様性』大阪大学出版会.

浜渦辰二編著（2018）『北欧ケアの思想的基盤を掘り起こす』大阪大学出版会.

石黒暢（2019）「高齢者介護——変容するケアのパースペクティブ」斎藤弥生・石黒暢編著『新世界の社会福祉3　北欧』旬報社.

木下衆（2019）『家族はなぜ介護してしまうのか』世界思想社.

松岡洋子（2021）『オランダ・ミラクル——人と地域の「力」を信じる高齢者福祉』新評論.

第2章

デンマークの高齢者ケアの高度化を支える社会システム

• • •

本章では，デンマークの高齢者ケアを支える制度と，その実施のために用意された社会的装置について述べていく。デンマークの高齢者ケアは，国が示す政策の基本（法制度）に従って，自治体（コムーネ）が，地域の実情に従って，その実施のための社会的装置を策定し，実行していくというのが通例である。そのため，自治体ごとに具体的施策や方法が異なるということがままあるのである。そうした多様な実践によって，むしろ自治体間に適切な競争原理が働き，ケアの高度化を進展させてきているのである。

1 高齢者ケアの施策の方向と社会サービス法

施設をつくらないということにこだわる

デンマークは，1987年に，プライエムの新設廃止を決定し，その後は高齢者住宅を中心に，「住宅＋ケア」という形態の，高齢者ケアの実践を行ってきた。その結果，デンマークには老人ホームは「ない」のであり，24時間をカバーする在宅サービスによって代替されるということになった。しかしながら，認知症高齢者の問題が拡大していくなかで，在宅サービスによる訪問型サービスだけでは対応しきれないという事態が多発した。

これにより，認知症対応のグループホームが不可欠となった。1996年にはプライエボーリ（自宅に近い形での介護型住宅）を創設することになった。こうしたニーズへの対応をさらに合理的に行うというのが，プライセンターという運営方法である。

ここでは，ステントゥルプ・プライセンターを紹介しながら，プライセンターということの説明をしておきたい。ステントゥルプ・プライセンターは，デンマークのフェン島南部に位置するアーキペラゴ（群島）の都として知られる街スヴェンボーコムーネにある。スヴェンボーコムーネはデンマークの中でも福祉先進自治体として知られており，2000年には福祉サービスが優れているということで「ベストオブザイヤー」を受賞している。スヴェンボーコムーネの高齢者福祉は「治療よりも予防を」という理念のもとに，高齢者ができる限り長く健康で自立して生活できるように，地域に根ざした様々な取り組みを行ってきている。

　スヴェンボーコムーネは，2000年の自治体再編により管轄地域が広がったとはいえ，人口は6万人（以前は4万3千人程度）であり，高齢化率は18％，ホームヘルプサービスを受けている市民が8569人（高齢者，障害者など），社会福祉局の予算は，市の予算の81％を占めており，高齢者福祉予算については，市の予算の2割程度となっている。社会福祉局には1200名以上の職員が勤務しており，うち約1000名が高齢者関係のケアに従事している。高齢者の中には，わざわざコペンハーゲンから引っ越してきたという人もいる。

　ホームヘルプサービスに力を入れており，とくに認知症ケアに対しては，①在宅ケアおよび在宅看護，②ショートステイ事業，③デイセンター，④認知症の方のための特別住宅の整備，そして"協力モデル"（後に紹介する）と呼ばれているネットワークシステムを実践しており，認知症高齢者とその家族，自治体，家庭医，クリニック，病院，在宅サービス担当部門などにより，個別事例に即した的確かつ迅速な対応を可能にしている。

　福祉サービスの質を保つためには介護スタッフ教育が不可欠であるということから，自治体独自のスキル教育プログラムを行っている。なかでも注目するのは，継続教育であり，ケアワーカーが2年に1度，「能力向上コース」を受けるシステムとなっている。

ステントゥルプ・プライセンターの実際

　先に述べたように，1990年代に入るとデンマークでも，認知症高齢者に対する介護問題が深刻化し，その結果，グループホームやプライエボーリ（介護住宅）が多く作られるようになってしまった。つまりは，ある一定の年齢層以上の人で認知症など，より濃厚な介護が不可欠な，自宅での24時間の在宅ケアでは不十分な人が，集まって居住するという形態の場があちこちにできてしまったのである。これまで，住まいとケアを分離する政策を取ってきたデンマークが，住まいとケアを再統合する，せざるを得ないという方向にさしかかってしまったのである。

　2008年に新設されたステントゥルプ・プライセンターは，住まいとケアの再統合という形態である。ステントゥルプ・プライセンターには，高齢者住宅（12名），プライエボーリ（30名），認知症グループホーム（8名），ショートステイ（8名）の計58名の高齢者が生活している。その他，デイセンターが併設されていて，毎日15名ほどの高齢者が送迎バスに乗って通ってくる。また，併設されたリハビリセンターが，随時利用されている。

　つまり，このステントゥルプ・プライセンターには，およそ70〜80名の高齢者が，それぞれの利用ニーズに従って，このセンターを利用しているのである。いわば高齢者総合センターという理解なのだが，デンマークの人たちからすると，あくまで高齢者の住まいの集合であり，そこにそれぞれの状態別に，ケアサービスが備わっているという理解となる。

　このプライセンターの特徴は，中心にデイセンターを設け，高齢者住宅居住者も，プライエボーリや認知症グループホームの居住者も，デイセンターに通ってくる。高齢者たちと共通の時間を過ごすということにある。トレーニングや体操，トランプ，ジグソーパズルや歌など日本のデイサービスセンターで見られる光景と同じように，みなさん和気あいあいとご自分の時間を過ごしている。「みんなと一緒にいられることが楽しい」と言い，日中は「みんなと過ごす」ということを大切にしている。

　つまり，プライセンターとは，日中過ごす場所を共有するところを中核とし

て，それぞれの状態別に住まいを提供するということである。それぞれの状態別に，自宅で日中だけ通ってくるという人から，高齢者住宅でホームヘルパーから日常生活の支援を受けながら暮らしている人，食事や入浴などの介助が必要であるためプライエボーリで暮らしている人，認知症で常時見守りが必要なためグループホームで暮らしている人の「結節点」をつくることにより，互いの時間を共有するという試みなのである。

　また，プライセンターでは，地域の高齢者に対し，毎日昼食の配食サービス（120名ほど）を行っており，この配食サービスを通して，地域の高齢者の状態把握を行っているのである。

　このプライセンターのスタッフは70名で，看護師が2名と他は社会保健介護士あるいは社会保健介助士（くわしくは本書の第4章参照）である。他にフレックスタイムのパート職員が多く勤務しており，おおよその配置は決まっているが，各セクションで必要な時はそこへ配属できる。

　高齢者にとっても，「いつでもスタッフがそばにいる」という安心感があり，24時間対応が可能であることが高齢者にとっては心強いといえる。

　このセンターのもう一つの特色として，ゲストハウスというしくみがある。これは日本でいうところの，ショートステイといえるのだが，本来の機能に若干のちがいがある。デンマークでは，病院から退院した人に対する中間施設であり，実態としてはターミナルケアとなっている。デンマークでは，治療の必要がなくなった患者の退院について，2か月を経過しても退院先が見つからない場合，入院費用を自治体が負担するということになっているため，自治体はそうした人の退院先を確保することが必要である。

　高齢者の場合，病院から退院して自宅に戻れるという人ばかりではなく，プライエボーリなどへの住み替えが必要となる場合がある。しかし，そうした環境にも無理があることもあり，このセンターではそのような人のためのショートステイを行っているのである。そのため，看護師が複数配置されている。

　しかし，そうした人ばかりでもなく，このゲストハウスを利用し，リハビリなどを受けて，自宅に戻るというケースもあるということである。また，日本

と同様に自宅での介護疲れなどのために利用するということもあるとのことだが，そうしたケースは稀であると聞いた。

このように，デンマークでは「住宅とケアの分離」を基本線としながらも，場としては一体化して運営していくという方法がとられているのである。

在宅生活の維持を支援する自治体（コムーネ）の責任

デンマークは，福祉・介護に対する方針は社会省を中心として出されるが，その具体的実践については，医療は広域保健圏域（レギオナ），福祉・介護は自治体（コムーネ）が管轄するというしくみとなっている。自治体は地域の実情に合わせて，福祉・介護サービスを整備し，運営する。高齢者ケアは，先に述べたように，「住宅とケアの分離」により，基本は住み慣れた自宅ないしは地域で暮らし続けることを支援する体制の整備，という方法をとってきている。

その場合，自治体は地域内にこうした高齢者が暮らし続けられる場を確保しておかなくてはならないという責任を持っている。高齢者住宅，プライエボーリ（介護住宅）や，認知症グループホーム，デイサービスセンターなどを整備していくことが求められるのである。

また，自治体（コムーネ）は，こうした介護サービスは，財源が租税であることから，適切な運営が住民から求められる。そのため，こうした介護サービスの適正量と質の管理が必要となる。そうしたことからも，住民である高齢者の実態把握がその役割の一つとなる。

その手段の一つである予防的家庭訪問は，自治体（コムーネ）に義務的な役割であり，75歳になる高齢者への訪問による状態把握と自治体（コムーネ）に対して必要なサービスへの要望を点検する機会となっている。住民である高齢者は，自治体（コムーネ）からの支援を受ける必要があるかどうかの意思表示をする機会でもあり，また「NO」と言える機会でもある。近年は，80歳以上の高齢者に対しては，毎年最低１回以上の訪問が自治体（コムーネ）に義務付けられている。こうして住民（高齢者とその家族）との直接的な関係を作って

おくことは,「いざ」という時に役立つという考え方で,自分の住む自治体（コムーネ）に自分のことを知っているソーシャルワーカーがいるという安心感をつくることになる。

デンマークでは,すでに個人番号制度が導入されており[^1],様々に活用されている。公が管理している個人のデータは,病院などが必要とする場合は,担当者が確認できると同時に,本人もデータを確認することができるようになっている。こうした背景には,国民と政府,行政との信頼関係が成立していることに他ならない。このように,自治体（コムーネ）は,住民である高齢者との関係を積極的に維持し,継続していくという役割を持っているのである。

介護サービスの市場化と自治体（コムーネ）の介入

国,自治体（コムーネ）による介護サービスの充実が図られてはきたものの,その需要に追い付かないという現状や,自治体（コムーネ）による運営に対する硬直性や非効率性などの批判も生じてきたこと,スウェーデンなどの影響もあり,民間セクターによる介護サービスへの事業が,自治体（コムーネ）からの委託という形で進行していった。

2003年にはホームヘルプサービスにおいて,自治体（コムーネ）が認可した民間セクターが運営する事業所において,サービスの提供を受けることができるようになった。デンマークでは,要介護状態にあると判定されれば,自己負担なしで介護サービスの提供をうけることができ,サービスの提供を受ける事業所も高齢者ないし家族が選択できる。選択先が拡大したということになる。

一方,こうした民間セクターは,事業を行う自治体（コムーネ）が定めた認可基準を遵守する必要があり,自治体（コムーネ）はこうした事業者に対し監督責任を負っている。

民間セクターの介護サービスへの参入は,ホームヘルプサービスに限定されていたが,最近では,規制緩和型介護型住宅という分野にも参入しはじめてきている。

コペンハーゲン市では,こうした民間セクターによる事業参入が活発になる

[^1]: (1)

につれ，そうした事業所のモニタリング調査を実施し，事業所の評価を行っている。事業所の責任者や職員に対する面接調査や事業所での観察や地域住民へのヒアリングなども実施し，モニタリングレポートを作成，公表している。

自立支援を柱とする

「高齢者三原則」の検討のなかで，高齢者はケアされることを求めているのではなく，むしろ社会的な交流や役割を持ち続けることを望んでいるという指摘がなされ，高齢者自身が自立的に暮らすことができるように支援することが求められていると確認された。

　高齢者を介護の対象としてみるのではなく，人生を生き続ける存在，主体としてとらえていくこととされたのである。そこであらためて自立支援の方法が検討された。

　2013年には社会省から「在宅ケアの未来」という報告書が出された。その内容の主要な点は，①在宅ケアにおける予防の視点の重要性，②介護の前のリハビリテーション（リエイブルメント），③重度要介護高齢者にも個人の目標と資源に焦点を当てたフォローアップの重要性，④IT化の推進，⑤ボランティア活動の活性化，ということであり，個々の高齢者が「自分らしく生ききる」道筋を模索していくという方向性が示されている。[(2)]

2　社会サービス法にみる高齢者ケアの基本

社会サービス法の誕生まで

　デンマークでは，1976年にそれまでの社会福祉関係法をまとめるという形で，社会支援法が施行され，総合的な福祉法として機能するようになった。その後，高齢者関係としては，1987年に高齢者住宅法が施行され，プライエム（施設）から住まいへという転換がなされた。

　この後，法改正が度々され，1998年から実施された社会サービス法（Seviceloven Lov om social service）は，1976年に施行された社会支援法を改正したものであ

る。

　冒頭で「社会問題を予防するための助言と支援を提供する」ことを目的としているとし，社会サービスを提供することは，社会問題の予防となると説明している。本法は，「身体的または精神的機能の能力の低下，または特別な社会問題によるニーズに対応する」とされ，年齢，所得などを問わないのであり，国民であれば，上記の状態により，この法による援助が受けられるとなっている。

　デンマークでのヒアリングでよく「必要なひとに，必要に応じて」ということを聞いてきたが，この社会サービス法に見るように，「身体的または精神的機能の能力の低下」という状態像にある場合にその対象となり，その状態のなかで必要な社会サービスの提供がされるということなのである。

　ここからは，ここまでみてきたデンマークにおける高齢者ケアの方向性が，法としてどのように明記されているかについて説明しておきたい。

社会サービス法の目的

　法律の目的は，とくに身体的または精神的機能の低下によって起こる非自立的状態に対する支援を行っていくことである。個々人が自立（自律）することであり，そのために自主的に自立（自律）するための努力をすることである。また日常生活を円滑に進めることができるようになることにより，その結果，QOL（生活の質）が改善することを意味する。

　この法律による支援は，当事者自身と家族の自助力に基づき，個人が可能な範囲において，自身を成長させ，自身の潜在力をも利用する責任に基づいている。

　そしてその支援は，当事者自身と社会サービスを提供する側との協働によって成り立っており，自身のニーズや状況を具体的にかつ個別的に判断して提供されるものであるとされている。そして，この法律によって提供される社会サービスは，専門的かつ経済的な観点から決定されるものであると明記されている。

具体的内容

第16章の冒頭のテーマが，「身の回りの援助（身体介護），ケア・介護，介護遺言（リビングウイル）」となっている。また第83条において，自治体（コムーネ）は，①身の回りの援助と介護，②住居内でも必要な家事への援助と支援，③食事サービスの提供を必須とし，利用者のニーズが継続的に提供されなくてはならないとし，それは「ケア計画」に基づいたものであり，とくにリハビリテーションプログラムについては，詳細に目標と，提供される期間の設定の必要性が述べられている。

ここでは，年齢制限はなく，国民のだれもがその対象であるとしている。また，第87条において，24時間体制で提供できるようにしなくてはならないなどとされている。

自治体（コムーネ）の責務

医療は広域保健圏域（レギオナ），福祉・介護は自治体（コムーネ）が管轄するというしくみであると述べたが，社会サービス法によるサービスの決定は自治体（コムーネ）にあるとしている（第3条）。

その対象は，①成人に関する薬物乱用者の治療（第101条），②国民年金受給年齢に満たない人で，身体的精神的な能力の低下により一般の就労が困難な人に対する保護的な雇用（第103条），③身体的精神的な能力の低下により生活状況の維持や改善のためにアクティビティや交流サービスの提供（第104条），④身体的精神的な能力の低下により居住型施設において一時的な滞在を提供することや，介護，ケア，治療が必要なため長期滞在に適した居住施設における滞在，DV被害を受けている助成に居住施設での一時的滞在，自宅がないまたは自宅にいることができない人に対する住居サービスや活動的支援，ケアなど（第107条から110条），広範囲かつ多岐にわたっている。

また，週に20時間以上の身体介護，家事支援が必要な場合，その人が自ら手配する援助に現金支給を選択することができる。週最長48時間までの介護を行うことができる（第95条）とあり，いわゆるデンマークの独自の方式であり，[3]

「オーフス方式」とも呼ばれているものである。

　自治体（コムーネ）は，そのコムーネ独自のサービスおよび他のコムーネ，レギオナ，民間サービスとの協働により，供給義務を満たさなくてはならないとしている。

　こうした自治体（コムーネ）の責務のひとつとして，サービスの質の監督が定められている。とくに，民間セクターに対しては，少なくとも年に1回の抜き打ちでの監査のための訪問を行わなければならない。（第151条）この役割は，民間セクターにより運営されている事業所がある自治体（コムーネ）の役割であるとされている。

3　認知症国家戦略と自治体（コムーネ）における実践

国家戦略としての認知症ケア

　日本においても，超高齢者＋認知症ケアについてはいまなお試行錯誤を重ねてきているところであるが，デンマークでも同様に試行錯誤がなされている。

　実は，デンマークもまた，1980年ごろまでは，認知症へ社会の理解も乏しく，認知症の高齢者の多くが，精神病院への入院という方法しかなかった。しかし，医療費の拡大の抑制が必要となってきたこと，精神病院への入院を削減せざるを得なくなったという背景もあって，認知症ケアをより合理的に進める必要があったのである。

　認知症への対応において大切なのは，早期発見である。自治体（コムーネ）は，家庭医（ホームドクター：デンマークでは医療費は無料。住民は指定されたホームドクターを選定し，どのような病気でも最初はそのドクターの診察を受ける）と連携し，早期診断，早期対応・治療というしくみを作った。

　「協力モデル」（これについては後段で詳しく述べる）という考え方で，医療（診断・治療）とケアを，自治体（コムーネ）が包括的に提供するものである。

　2002年に社会サービス法の改正により，すべての自治体（コムーネ）に「協力モデル」の推進役である認知症コーディネーター（1994年には「デンマーク認

知症コーディネーター協会」が発足し，認定された教育プログラムを終了していることが条件）が配置された。

認知症国家行動計画

　このような経緯の中で，2010年末に，デンマークは「認知症国家行動計画」を発表し，翌年にはそれまで各自治体（コムーネ）が，それぞれ必要に応じて行ってきた取り組みを統一すべく，行動計画が策定された。その概略は以下である。

　①　自治体（コムーネ）による認知症の発見からケアまでの実践プログラムの強化

「協力モデル」の徹底であり，認知症ケアにおいて，"途切れない連続性のあるケアの提供"を示唆したものである。

　②　早期発見と健康維持

　認知症の臨床診断基準の作成（2013年に「認知症の診断と治療のための国家臨床ガイドライン」が作成された）や，薬を使用しないケアのあり方，認知症の高齢者への身体トレーニングの方法の開発，転倒予防や口腔衛生などの取り組みが盛り込まれている。

　③　心理社会的療法を取り入れた行動・心理症状（BPSD）への対応

　認知症ケアを行うということには，専門的知識・スキルが不可欠であり，そうした専門的教育プログラムの開発と実施。

　④　法律と権利

　認知症という病気を理由に，権利侵害が起こらないようにするための方策の検討。

　⑤　ボランティアの協力と家族の負担軽減

　高齢夫婦での生活が一般的であることから，介護は夫，妻が担うということになり，いわば「老老介護」というのが実態である，そのため，家族（夫あるいは妻）の負担を軽減する必要があり，そのための方法の開発と実施が必要である。たとえば，これまでのショートステイサービスは，認知症当事者がプラ

イエムに一時的に入居するという方法をとっていたが，環境に慣れないなどの問題から，しばしばストレスになることが指摘されてきた。そうした方法ではなく，認知症高齢者は自宅にいたままで，社会保健介助士（ヘルパー）が認知症高齢者の自宅に訪問して，必要な援助を行うという方法をとった。その間，介護者である家族は旅行や知人宅に出かけ，休息をすることができるようにする。

⑥　認知症専門職教育

介護現場で対応している職員への追加教育をより強化する。

⑦　研究活動と普及啓発

国立認知症研究・知識情報センターが拠点となり，基礎研究の充実を図っていく。また，啓発活動として，認知症はだれにもおこりうる病というキャンペーンを広く展開するというもので，2014年から2017年にかけて，毎年10億クローネ（約190億円）の予算を計上し，展開してきている。

「認知症行動計画2025」

こうした長年にわたる国家戦略を実行してきたが，2016年にはさらにこれからの認知症ケアの戦略として，「認知症行動計画2025」が計画され，現在実行されている。

「認知症行動計画2025」は，それまでの方向と大きく変わることはないが，自治体（コムーネ）が取り組みやすいように，5つの重点項目（①早期診断と治療，②より質の高いケアとリハビリテーション，③認知症のひとの家族に対する支援と助言，④認知症のひとに優しい社会と住居，⑤より高度な知識と技術）とし，23の計画モデルを示し（表2-1），さらに自治体（コムーネ）が特に取り組むべき17の推奨事項として示しているので紹介しておきたい（表2-2）。

これらの23の具体的計画（表2-1），テクニカルペーパー（表2-2）の内容のなかで注目したいのは，以下の点である。

①　認知症の治療について分野横断的な臨床指針を全国的なものとして確立する

表2−1　認知症行動計画2025の具体的計画内容

計画1　認知症の早期発見のツール

計画2　一般診療（家庭医）の認知症の予見

計画3　分野横断的な診断・治療機関の設立

計画4　認知症分野における新たな全国臨床指針の確立

計画5　認知症の人の抗精神病薬の使用削減

計画6　部署間・職種間の最適な連携を可能にする国の支援

計画7　認知症分野における社会的・保健医療の知見に基づいた実践に対応するハンドブックの作成

計画8　質のよい身体的なトレーニングやアクティビティサービスを数多く準備する

計画9　強制に関する規制の見直し

計画10　慢性機能不全の患者によりよい治療の可能性を模索する

計画11　認知症の人を対象にしたものと，家族を対象とした全国的な支援パッケージの開発と展開を行う

計画12　意義のあるデイケアとレスパイトケアの数を増やす。若年性認知症の人への支援も同様に行う

計画13　認知症の人と家族，若年性認知症の人に対するアドバイス・アクティビティセンターの設置

計画14　認知症の人に優しい社会をつくるために地域のアクティビティや全国的なアクティビティを整備する

計画15　全国98のコムーネを認知症に優しいコムーネになるようにする

計画16　認知症の人に適した環境と住居を準備する

計画17　国による認知症に適した住居の認定制度

計画18　認知症の人に優しい病院の試み

計画19　認知症分野における新しい国家研究のストラテジー

計画20　国立認知症研究センターの常設化

計画21　認知症分野に関するデータの集積

計画22　コムーネとレギオナにおける現場重視の能力開発

計画23　毎年の認知症賞の選出

出所：デンマーク認知症行動計画2025（https://www.sum.dk/Aktuelt/Publikationer/～/media/Filer%20-%20 Publikationer_i_pdf/2017/Demenshandlingsplan-2025-Et-trygt-og-vaerdigt-liv-med-demens/Demenshandlingsplan-2025-Et-trygt-og-vaergigt-liv-med-demens.ashx）より筆者翻訳。

表2-2　テクニカルペーパー（今後自治体が取り組むべき事項）

① 認知症の早期発見のためのツール
② 特定のターゲットグループに対するアウトリーチ機能を備えた外来・入院ユニットの整備
③ 認知症のひとに対するケアサービスの質を強化するためのガイドラインの作成
④ ディケア，レスパイトサービスの整備
⑤ 身体的活動，トレーニングなどの設備の整備
⑥ 優れた実践，エビデンスに基づいたサービスを支援する
⑦ 本人の同意なしの移動などの決定の見直し
⑧ 認知症のひととその家族への支援
⑨ タイムリーなサポート，アドバイスができる手続き方法のチェック
⑩ 認知症のプロセスのすべての段階において，親族を関与させるようにする
⑪ 認知症に関する知識の普及，認知症に優しい社会づくりの推進
⑫ 高齢者住宅，ケアセンター，病院・医療施設などの建設に認知症に関する知識を有するメンバーの参加を促し，認知症のひとが使いやすい建物の建設
⑬ 認知症ケアパスによる関連技術の知識とその活用を強化する
⑭ 評価プログラムの検討整備
⑮ ケアの分野の関係職員ならびに専門職の力量を高める
⑯ 部門横断的はデータベースの整備（薬の管理など）
⑰ 実践研究的戦略の作成

出所：表2-1と同じ。

② 薬に頼るのではなく，ケアの力で認知症患者の QOL を向上させる

③ 提供するサービスの質を高める

④ 認知症とりわけ若年性認知症に対する地域の活動拠点の設置

⑤ 認知症のひとに適した居住空間の提案

⑥ 認知症ケアに関わる専門職のスキルの向上

計画の具体化の方法を見る

　このような国家戦略を自治体（コムーネ）はどのように具体化しているのか，コーエコムーネの実態でみてみたい。シェラン島に位置する人口65,000人のこの町に，在宅の認知症の高齢者の支援を専門に行っているチームがあり，5名所属している。すでに2007年から，こうしたチームが設置されているとのことである。認知症と診断された高齢者がプライセンターにある高齢者住宅や

認知症グループホームに住み替えるまでを担当する。

　認知症の支援チームの構成は，認知症コーディネーター 3 名と認知症について専門的な研修を受けた社会保健介助士（SSH）1 名，テクノロジーコンサルタント 1 名となっている（これらの専門職については後段の章で説明する）。

　年間200名余の認知症患者への家庭訪問を行い，状況の把握，提供されているサービスが適切であるかについての判定を行い，高齢者や家族と相談しながら，よりよい QOL を作っていくための支援を行っていく。

　コーエコムーネでは，近隣の 3 つの自治体と共同で，「アクティビティカレンダー」（いつ，どこでどのようなプログラムが開催されているかを記したもの）を作成し，できるだけ多くの適切な活動に参加することで，認知症高齢者が孤立しないようにしているとのことであった。

　テクノロジーコンサルタントが中心となって，適切な機器類をくらしのなかに導入することによって，暮らしの質を向上させるという手助けをしている。たとえば，薬の飲み忘れが頻繁に起こっているという情報のもと，アラーム付きのピルケースを取り入れたり（第3章参照），顔写真と携帯番号をリンクさせたり，口笛に反応するキーホルダーの利用を進めるなどの提案を行っている。また，こうした機器類を町の図書館の入り口に展示し，最新の機器類が気楽に手に取ることができるようにしている。

実践例

　スヴェンボーコムーネで出会った夫妻は，高齢者ケアが先進的であるというスヴェンボーコムーネに庭付き一戸建てを購入し，移り住んだ。夫婦がまずしたことは，かかりつけ医の選択であった。近所に話をよく聞いてくれるかかりつけ医も見つかった。スヴェンボーコムーネからスクリーニング調査が行われ，当初は気になるような症状はなかったが，夫の T さんの物忘れが目立つようになった。また，出かけて行って家に戻れないなど行動の異常が気になった妻のKさんは，かかりつけ医に相談をし，その紹介で認知症専門医の受診を受けた。その結果，アルツハイマー型認知症と診断される。その後，認知症専

門医から夫妻のかかりつけ医へ，スヴェンボーコムーネのソーシャルワーカーに連絡が行き，スヴェンボーコムーネの認知症コーディネーターの訪問を受ける。

認知症コーディネーター，自治体ソーシャルワーカーと夫婦との検討会が開催され，Tさんのケアプランが作成された。ホームヘルパーの派遣が検討され，派遣決定され，病院への付き添いはホームヘルパーが行うなど，妻のKさんの負担の軽減を図るということになった。デイセンターへ通所が検討されたが，本人があまり乗り気ではなかったので，行わなかった。

しかし，引っ越して間がないということもあり，近隣に知り合いもまだできていないため，認知症コーディネーターの提案により，若年性認知症のための「木曜のカフェ」への参加を促した。この企画は数人の認知症の人が木曜にデイセンターの一角に集まって，今日何をするかという検討からはじめて1日のスケジュールを自分たちで決めるというプログラムであった。お天気の良い日は郊外への散歩，町の博物館への見学，コンサートを聴きにいくなど様々であった。しばらくの間，Tさんはこのプロジェクトに参加し，仲間ともよい関係を築いていた。リーダー的な役割を担うようになっていた。

しかし，あるとき自宅で転倒し出血した。入院，治療はうまくいったのではあるが，退院後状態はあまり芳しくなく，自宅で過ごすことが多くなった。認知症コーディネーターは妻のKさんと話し合った結果，ホームヘルパーの派遣を増やし，日常の介護部分をホームヘルパーが担うということに変更し，妻のKさんの負担が軽減されるように計らった。

しかし，だんだんとTさんは自分の身の回りのこともできにくくなり，妻のKさんの負担が増大していった。自宅近くのプライエムへの住み替えの時期にきたのでないかと感じていた認知症コーディネーターは，ご夫婦をプライエムの行事に一緒に参加するように誘った。やがて，Tさんは自分からプライエムへの住み替えを希望して，転居した。その後，そこから認知症グループホームへの住み替えとなったが，毎日のように妻のKさんは，夫のTさんのもとに通うという暮らしとなった。

認知症ケアにおける「協力モデル」の利用

　この事例は，私たちがスヴェンボーコムーネに通った折に訪ねた夫婦の事例である。ある時は，日本の国旗とデンマークの国旗を玄関先に掲げ，歓迎してもらった。ご近所とのホームパーティにも誘ってもらった。Tさんが元気に「木曜日のカフェ」に通うようになったときは，二人とも本当にうれしそうであった。しかし，残念なことに自宅での転倒によるショックから，認知症の症状が悪化し，在宅での生活の継続は困難になってしまった。しかし，歩いて行ける距離にある，お気に入りのプライエムに住み替えられたことで，そこでの落ち着いた生活のリズムにより，一時はコミュニケーションが戻ったかに思われた。しかし徐々に認知症が進んでいき，認知症グループホームへの住み替えとなった。

　この一連の夫婦の経過が，デンマークにおける認知症ケアフローチャートであり，「協力モデル」というシステムである（**図2-1**）。

　市民つまり高齢者やその家族（親族）は，病気（認知症）の疑いを持った場合，自身のかかりつけ医の診察を受け，その結果医師が疑わしいと思われた場合は，認知症専門医のいる診療所ないしは病院を紹介し，再度診察を受ける。これは予備調査といわれる。

　この結果，認知症の疑い，可能性があるとされた場合は，認知症専門外来への紹介がされ，さらに詳しい診察を受けることになる。こうした一連の医療者における連携がまずある。また，初期の段階で自治体（コムーネ）が，高齢者あるいはその家族（親族）からの連絡を受けることによって，この一連の診察のプロセスに自治体（コムーネ）が参加することになる。その結果，現段階では治療の必要性がない場合であっても，自治体（コムーネ）から受けることのできるサービス（資源）についての説明を受けることができ，必要ならば認知症コーディネーターと連絡することができる。

　認知症専門外来は診察の結果をかかりつけ医（一般開業医）と当該自治体（コムーネ）の担当に情報提供をし，その後の治療方針を共有化する。認知症専門外来では，当事者（高齢者およびその家族（親族））と自治体（コムーネ）担

図2-1 デンマークの認知症ケアフローチャート（「協力モデル」）

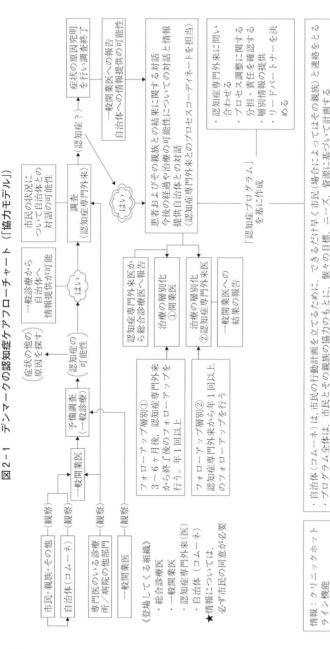

出所：デンマーク政府のホームページ（https://www.regionh.dk/Sundhedsaftale/Vaerktoejskasse/Documents/RegionH_for1%C3%B8bsprogram_for_demens_rev_2021_FINAL_FINAL-a.pdf）より筆者翻訳。

当者と治療方針などについて対話（協議）し，方針を決定していく。

　認知症の治療は長期にわたることが多く，その間，状態の変化は個別的であり，治療も一律ではない。そのため，かかりつけ医（開業医）と認知症専門外来医とは情報を共有しつつ，治療方針，方法を決定していく。

　また，自治体（コムーネ）は，当事者（高齢者自身ならびに家族）の日常生活行動計画を立てるため認知症コーディネーターが中心となって，できるだけ早急に関係者と連絡を取り，ケアプランを実行計画にしていく。また，認知症コーディネーターは，状態の変化を把握するため，定期的なフォローアップを行っていく。サービスが適切に提供できているかが焦点となる。

　デンマーク政府は，2025年までに認知症を疑うすべての人の８割以上が診断を受けるようになることを国家目標としている。そして，それらの人々が早期に診断され，早期に認知症であることを発見され，適切な対応がなされることを目指している。

　そのために，自治体（コムーネ）は，認知症が疑われる場合には，かかりつけ医に相談することを進めており，そのための機能の強化を図ってきている。その強化の一環として，一般開業医に対する認知症の理解のための講習や，行政組織の横断的連携を行うことで迅速な対応をするようにしてきている。また，認知症高齢者が亡くなった場合，残された家族へのフォローアップを行うことができるような体制整備も行っている。

認知症ケアフローチャートの評価

　このようにデンマークで実施されている，認知症ケアフローチャート（「協力モデル」）は次の点で評価できる。

　①　かかりつけ医という身近な医療者との信頼関係があるデンマークでは，そのかかりつけ医を「窓口」として，認知症という病気についての適切な診断への道筋が見える形であるということ。

　②　自治体（コムーネ）による「予防的家庭訪問」を実施することで，高齢者とその家族が，住んでいる地域にどのような社会資源，利用できるサービス

が存在するのか，どんな時にどのようにすれば利用できるのかという情報が伝達される。これが前提となっているので，自分あるいは家族に認知症の疑いが生じた際に，自治体（コムーネ）との連携を作ることが，気楽にできるということ。

③　自治体（コムーネ）は，かかりつけ医，認知症専門医からの情報をもとに，認知症コーディネーターを派遣して，高齢者や家族のベストの状況を作り出すような支援を行うためのプランの作成を，高齢者や家族とともに作っていく。こうした信頼関係が高齢者や家族にとって重要なのである。

④　認知症ケアフローチャートを住民が「知っている」ということが重要である。認知症は確かに完治する病気ではないが，すぐにすべてのことができなくなるということではない。しかしそのことが当事者にとっては不安であり，この先どうなるのかという不確定な状況が周囲も含めて不安を増幅させていく。しかしながら，こうしたフローチャートを知っているかつ利用できるということにより，その不安は軽減される。

⑤　認知症ケアには正確な知識と適切な対応のスキルが重要である。家族がこうした状態になったとき，家族は，自己流もしくは一時の思い込みで対応してしまうことが多い。認知症コーディネーターの存在は，そうしたことを修正し，高齢者や家族に寄り添いながら，介護プロセスに併走する相談者として存在する。認知症コーディネーターが単独でそのケアにあたるのではなく，常に医療者，自治体（コムーネ）の組織と協働しているということが，重要である。

＊本章の内容は JSPS 科研費 JP20K02197の助成を受けた成果の一部である。

注
(1)　個人番号制度（CPR：Central Persons Resistration）は，1968年から導入されている個人認証のしくみである。
(2)　2013年「在宅ケアの未来」については，松岡洋子（2021）『オランダ・ミラクル――人と地域の「力」を信じる高齢者福祉』新評論，に端的に紹介されてい

る。

(3)　伊藤葉子（2013）「「オーフス方式」のパーソナル・アシスタント」野口典子編著『デンマークの選択・日本への視座』中央法規出版，185-204，に詳しく記述されている。

(4)　次頁（50頁）資料2-1の出所。菊池正治・清水教惠・田中和男・永岡正巳・室田保夫編著（2003）『日本社会福祉の歴史　付・資料——制度・実践・思想』ミネルヴァ書房；斎藤弥生・石黒暢編著（2019）『新世界の社会福祉3　北欧』旬報社；松岡洋子（2021）『オランダ・ミラクル——人と地域の「力」を信じる高齢者福祉』新評論；松岡洋子（2001）『「老人ホーム」を超えて——21世紀・デンマーク高齢者福祉レポート』クリエイティブかもがわ，を参考に筆者作成。

参考文献

野口典子（2005）「福祉国家デンマークにおける施設福祉——障害者・高齢者の統合の意味」『中京大学社会学部紀要』19(2)，29-48.

汲田千賀子（2013）「認知症も怖くない地域ケアと専門職——日本との差異」野口典子編著『デンマークの選択・日本への視座』中央法規出版，161-184.

汲田千賀子（2020）「認知症行動計画2025からみたデンマークにおける初期の認知症の人の支援」『日本認知症ケア学会誌』19(3)，522-532.

資料2-1　デンマークと日本の政策概略年表

	デンマーク	日　本
1891年	高齢者扶助法（対象年齢：60歳以上）	
1921年	高齢者扶助法改正（対象年齢：65歳以上）	
1952年	養老院からナーシングホーム（養老院のガイドライン）	
1956年	高齢者扶助法改正（対象年齢：67歳以上）均一給付の国民年金制度	
1957年	国民年金法	
1958年	公的ホームヘルパー制度	国民健康保険法
1959年		国民年金法（1961年から実施）
1963年		老人福祉法
1966年		「最低基準」（特別養護老人ホームなど）
1967年	プライエムのガイドライン	
1968年	主婦レスパイトとホームヘルプに関する法律	
1973年		老人医療費無料化
1976年	社会支援法（bistadaloven）	
1979年	社会省にて高齢者問題審議会設置	
1982年	「高齢者三原則」	老人保健法　老人医療費の一部負担の導入
1987年	高齢者・障害者住宅法	老人保健施設（介護老人保健施設）の創設　社会福祉士及び介護福祉士法
1988年	社会支援法の一部改正　ナーシングホーム（プライエム）の新設廃止	
1989年		高齢者保健福祉推進10か年戦略（ゴールドプラン）
		21世紀福祉ビジョン／新ゴールドプラン
1995年		高齢社会対策基本法
1996年	介護型住宅	高齢社会対策大綱
1997年	社会サービス法（社会支援法改正）	介護保険法制定
1998年		社会福祉基礎構造改革について（中間まとめ）
2000年		介護保険法施行／社会福祉法（社会事業法改正）
2012年	在宅介護審議会	
2013年	「在宅ケアの未来」	オレンジプラン，認知症初期集中支援チームの編成
2015年		「2025年に向けた介護人材の確保」
2017年	介護職教育改革	

出所：注(4)参照。

第3章

デンマークの認知症ケア実践にみる高度化

• • •

　本章では，高齢者が生活の主体であり続けることを支えていく方法について，デンマークにおける認知症ケアという局面から述べていく。近年認知症の病気そのものの解明や，認知症の症状がもたらす感覚や身体変化についての研究が進み，ケアのあり方もそれに合わせて変化してきた。より根拠のあるケア実践が可能になったといえる。また，人生の最期を締めくくるところまでがケアである（看取りケア）ととらえることで，そこで取り扱う倫理的課題について考える必要性もでてきた。本書ではこれらへの対応として，福祉機器・テクノロジーを利用する安楽なケア，低下していく認知機能に対して五感に働きかけるケア実践などについて紹介していく。デンマークではこれらすべてを駆使することで，QOL（生活の質）を保ちながら「ふつうの暮らし」を実現していっている。これらの「ふつうの暮らし」を実現するためのケアは，緻密に計算された不断の取り組みによってなされており，ケアの高度化は，その上に成り立つものである。

1　QOL を大切にするケア実践

QOL とケアの高度化

　認知症の人の生活において，QOL を大切にするケア実践とは，何を指すのだろうか。生活の主体となる「人」をどうとらえているのかによって大きく左右する。自分でできることは，できるだけ自分でしたい。他者の力を借りて生活することが必要になったとしても，誰かに決められた生活を送るようなこと

はしたくない。それは，デンマークの高齢者が長年，「高齢者三原則」（本書第1章参照）に基づき，数十年にわたりずっと守り抜いてきたことである。自宅に住んでいる間はもちろん，プライエボーリ（介護住宅）などのケア付き住宅に引っ越した際も同様である。

　認知症は症状が進行すると，判断すること，認識することなどが困難になることから，他者にその判断を委ねなければならなくなることがある。私たちは快・不快を感じれば，そこから退避したり，その環境を自ら遠ざけたりし，一方で，自分が心地よいと思うものについては，積極的に関わり近づきたいと思う。認知症の人の場合には，それら環境との調整が難しくなる。その結果一人暮らしであれば，外出することに不安を抱えたり，これまで行ってきた高齢者センターなどでの活動が難しくなることもある。どこで，どのような活動をしていけばよいか，自分がデイホームに行くことを必要としていない場合はどのようにすればよいのか，などの判断が難しくなる可能性が出てくるのである。

　認知症ケア実践の高度化とは，このような状況にある人に，単に目に見えるような活動やケアの形を示すことだけではなく，その全人的な生き方を理解したうえで，自立と尊厳をもって支えていくことである。

　筆者は，デンマークのある認知症デイホームで新聞を逆さにして読む高齢者に出会ったことがある。タバコをふかし新聞を読む姿は熱心に政治や経済の記事に目を通しているように見えた。ケアスタッフに，「彼は今は字を読むことはできなくなりました。ですが，彼がこれまでやってきた習慣は，そのまま大切にします。内容を理解できることが重要なのではなく，こうして過ごすことが彼は幸せなのです」と言われたのを数十年も経つ今でも鮮明に覚えている。つまり，何をしている時が落ち着くのかをケアスタッフは見極めているのである。それは彼自身のアイデンティティにかかわることであり QOL に直結しているのである。

関係性のケア

　認知症ケアは，瞬間のケアであり関係性のケアともいえる。「今，この瞬間」

が大事であり，それを誰かと共有することや，うれしいという感情が沸き上がるシチュエーションに出会うこと，生活の中で楽しいと感じることがあること，この積み重ねを紡ぐことが日々繰り返されるケアである。

このことは，「パーソン・センタード・ケア」でも大事にされており，デンマークのプライエボーリ等でもたびたび「トム・キッドウッド理論を実践している」と説明される。日々のケア実践の中において，そのような瞬間をどのように創出しているのだろうか。パーソン・センタード・ケアの考え方を用いたアプローチは，認知症の人の「幸福感」を高めることにつながる。

デンマークでは，「幸福感」という表現が多々登場する。これは，精神的な満足度ともとらえることができるだろう。幸福感を作り出すまでを「ケア」としてとらえていくことが，まさに認知症ケアにおいて私たちがすべきことであり，高度化されたケアともいえる。

楽しみを共有すること

プライエボーリで生活する人たちにとって，日常生活の中で楽しみや活動を共有できる存在は欠かせない。しかし，実際にはケアスタッフがそれを全面的に，一人ひとりに応じることは難しい。特に，外出を伴うものであれば，より一層困難になる。そこで，楽しみを共有することをボランティアに依頼し，その役割を担ってもらうことで，高齢者の「〜がしたい」を実現がされている。

では，実際にはどのようにしているのだろうか。筆者が訪れたソフィンボー（Sophienborg）というプライエボーリでは，ボランティアが12名活動していた。15:00〜17:00にやってくるボランティアは，高齢者と一緒に音楽を聴いたり，音楽を奏でてくれる。また，あるボランティアは高齢者と一緒に映画に行く。遠出をする場合には，スタッフ１名とボランティア２〜３名で出かける。豊かな時間を作るための役割を担っているのである。五感で感じる体験をすることや，高齢者がしたいと思っていることを一緒にしてくれるのがボランティアの役割であり，決してプライエボーリでのケアスタッフの業務補助や環境整備といったことを担っているわけではない。

エデン・オルタナティブの考え方を導入したプライセンター

エデン・オルタナティブとは，1991年にアメリカで始まった施設ケアの改革運動のことである。「施設で暮らすお年寄りを孤独・無力感・退屈という３つの病から守る」ことを一番に掲げており，デンマークでは「エデンデンマーク」という組織がその普及活動を行っている。オールホルムメット（Ålholmhjemmet）は，2011年からこの考え方を介護哲学として導入した。プライセンターでの活動が QOL や価値を高めることにつながるという考え方を基本にしており，住人と一緒にラウンジでコーヒーを飲んだり，音読をしたり，ガーデニング，ビリヤード，音楽，洗濯，料理などを一緒にする。エデン・オルタナティブの考え方では，高齢者もケアする側も人生を最後まで楽しんで，充実した毎日が過ごせる場を作ることを大切にされている。

この考え方で運営をしているデンマーク国内の高齢者住宅は，エデンデンマークのホームページでは，23か所あると紹介されている。[(1)]

エデン・オルタナティブの10の理念は以下のとおりである。

① 従来のケア施設では，住人たちは孤独・無力感・退屈感で苦しんできた。

② 今までの決まった日課をとりやめ，協力しながら生活し，住人の意見を尊重し，自己決定しながら生活する。子ども，動物，植物などとの触れ合いを生活の中で取り入れる。

③ 孤独感からの解放は，日常生活の中で親しみを感じる人といること，人との絆ができること，年齢を問わず，真心のある人と絶えることのないつながりや動物や植物とふれあうこと。

④ 退屈感からの脱却は，日常生活の中で突然起きる出来事や，刺激のある体験，驚き，喜びを感じる毎日の環境からつくられる。

⑤ 無力感からの解放は，何かの世話をしたり役割のある環境である。与えてもらうだけでなく，誰かにあるいは，何かに与えることができる環境をつくる。

⑥ 無意味なことは心を壊すが，何か目的を持った意味のあることは体と心

▷森を散歩する（森のデイサービス）

　の健康につながる。

⑦　治療は正しいことだが，その前にケアと思いやりを優先する。

⑧　エデン・オルタナティブは従来の階層的な組織運営から脱却し，高齢者
　とケアスタッフに決定権をもってもらうようにする。

⑨　エデン・オルタナティブへの移行においては，現在進行中のプロセスで
　あり，これにさえ従えば，すべて解決するものではない。人は生きている
　限り成長する。

⑩　賢明で献身的なリーダーシップは，新しい変化をもたらす指揮者として
　必要である。リーダーシップはこのプロセスを推進するのに最も必要であ
　る。

2 感覚にはたらきかける生活

行動障害と刺激

　認知症によって認知機能が低下すると，「知覚」に対して脳の反応が弱くなるといわれており，そのことによって「感覚刺激」のニーズが満たされない状況になる。感覚刺激のニーズが満たされないままであると，それを補うために私たちは行動変容したり，身体的な症状が表れると言われている。

　たとえば，それは突然の暴言や暴力という形で示されることもあれば，感情のコントロールが難しくなるということもある。また，自傷行為や行動障害という形で表れることもある。一般的には，認知症の人の行動症状は，不適切なケアによるものだと紹介されることも多いが，デンマークでは，感覚刺激の欠如によってもたらされるとも考えられている。また，身体の不快感，幸福感が感じられない状況なども，行動障害が起こりやすくなる。つまり，行動障害は意識的に起こされているのではなく，さまざまな体の不均衡な状況が引き起こしていると考えられているのである。

　さらに，過剰な刺激を受けた場合にも身体的および感情的な変化をもたらすことが指摘されており，それは認知症の人たちのさまざまな機能低下につながる。

　認知症の人の感覚にはたらきかけたり，遠ざけたりする実践は，パーソン・センタード・ケアの考え方に基づいている。ケアスタッフには，高齢者一人ひとりの生活歴，性格，機能低下の状況，生活対する意欲，服薬状況，幸福感，睡眠の質などの知識を基本的に有していることが求められる。これらを知った上で，刺激が強く受けやすい状況にあり，鎮静化する必要があるか，感覚への刺激を必要としているものがあるのかなどを検討し，どのような感覚に働きかけるのかを決めていく。

▷グループホーム居室

▷ダイニングからは庭が見えて外に出ることもできる

居住空間の環境

　認知症の人が暮らしているプライエボーリでは，感覚に刺激を与えられるようにしつらえられている。一日中なんらかの感覚刺激を受けているといっても過言ではない。

　居室のすべてが個室であるとはいっても，プライエボーリで生活している以上，共有スペースで過ごす時間もある。食事やおやつ，体操などさまざまな活動は，本人が望んでいれば，基本的に他の高齢者と共に過ごす時間となる。居室ならば，個人に対する感覚刺激をどのくらいすればよいかの検討はしやすいが，リビングなどの共同スペースではその調整が難しい。物理的環境が人の幸福度やQOLに強く影響を与えているという研究も進んでいるため，プライエボーリなどの住居の内装なども含めて，そこで暮らす高齢者が受ける感覚刺激もケアの一部となる。しかし，行動障害がある場合には，個々に課題やニーズが異なるために，理想的な居住環境がどのようなものかを特定するのは難しい。

　デンマークでは，プライエボーリのしつらえとして以下のことが重要だとされている。

○認知症の人の生活に適した内装は，感覚刺激があまり強くならないように設
　計すること

○自宅や自然に似ている感覚刺激を得られるようにすること

　また，物理的環境においては**表3-1**を参照してほしい。このような環境を設定することによって，認知症の人の幸福度が高まり，不安や行動症状，うつの症状が和らぎ，それらの症状改善のために服用している薬を減少することができるという。

家庭のようなしつらえを意識する

　認知症の人が自分がどこにいるのかを認識し，周囲を見渡し，認識するためには，環境が手がかりとなることが多くある。そのため，慣れ親しんだものが傍にあることを意識したケアを行う。たとえばサイドテーブルによく読んでい

表 3 - 1　認知症の人への物理的環境

良い影響を与える物理的環境	悪い影響を与える物理的環境
・高齢者自身がどこにいるのかわかりやすいように予測・認識可能な区切られた環境を作る ・動く機会，屋内外の空間，光，音，色，香り，素材などによって，豊かさの中に慎重に感覚的な体験をつくり出す ・屋外で，日光，自然，植物，風，天候に触れる機会を確保する	・光の量が少なく，照明が暗い ・大きいテーブルで住人が密な状態でいる ・絨毯などの下張りが悪い状態 ・共用部分での人の往来が多い ・家具が雑然と詰めて置かれている ・共同キッチンがない ・光沢のある表面素材

出所：https://www.sst.dk/-/media/Videnscenter-for-v%C3%A6rdig-%C3%A6ldrepleje-Subsite/ Udgivelser-2019/Viden-og-erfaringer-om-brug-af-sansestimuli-til-at-forebygge-og-reducere-udad_reagerende-adfaerd.ashx?sc_lang=da&hash=8C1045C95ECEEAD81A9D1602D8D 7A757 から筆者作成。

▷プライエボーリのはなれにつくられた作業用の活動スペース

た本を置いておく。椅子には，いつも使っていたひざ掛けがある，といったことである。これらを通して，プライエボーリの居室と高齢者の元の自宅とが何らかのつながりを持つように工夫する。そのことは高齢者のアイデンティティを保つことにつながる。

　ベッドカバー，家具やランプ，小物類を自宅から持ち込んでプライエボーリの居室をしつらえることができる。壁には，家族の写真や肖像画を飾る。写真があることで認知症の人が日常的に認知できる人物を目にすることができる。それにより，自分が「愛されている」という感覚を感じることにより，孤独感から解放されるという意味がある。

　プライエボーリは，高齢者にとっては「住宅」という意味がある一方で，そこで働くスタッフにとってみれば，「職場」である。そこで「家庭的」を実現することとは，どのようなことなのだろうか。その一つに家で使用していたものと同等の大きさであることという考え方がある。たとえば，キッチンの大きさが一般的な住宅のサイズであること。セントラルキッチンから運ばれる食事を大きな食堂で食べる日常ではなく，家庭用のキッチンが備えられていて，そこで食事の支度をする。さらに，小さなユニットで構成することも大事な要素で，これらの環境的な整備も含めて，高齢者がこの場所（プライエボーリ）で，自分の人生を生きているという認識をもてることを目標としている。また，ユニットのサイズについては，6〜12人で構成されるのが良いとされているが，この規模にする理由は，そこで暮らす高齢者が安全で安定的に「認識」ができるものに囲まれた環境が維持できるからであるという。

色・模様・光

① 色をはっきりさせる

　認知症の人にとって認識しやすい色は，緑，青，赤と言われている[(2)]。しかし，この色は個人の好みとは関係しておらず，あくまでも個々人が好む空間づくりを意識しなければならない。一般的には認知症の人にとって居室内や屋内のコントラストは，認知しやすくすることで，安心した生活につながるといわ

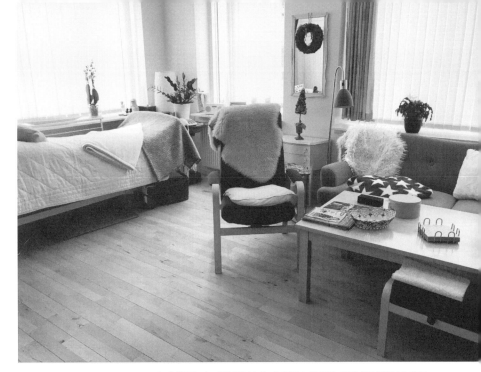

▷介護用ベッド以外はすべて個人の好みの家具で部屋を彩る

▷プライエボーリのダイニング

れている。環境がケアにつながっているのである。

　たとえば，バスルームは全体的に白いものが多いため，特にトイレを見分けることが難しい。そのため，便座の色を変えて，認識しやすくするという工夫ができる。白いトイレの場合には赤い便座にするなどはっきりとさせる。このような色のコントラストをつけることにより，重要なものを強調し，そうでないものを抑制することができる。

　室内に暗い色の椅子がある場合には，その中に小さなクッションなどを置くようにすると，座面がどこにあるのかを認識しやすくなる。

　室内から多くの刺激を受けすぎると不安感情が高まる場合もあるため，室内の壁に装飾するもの，カーテンなどは面積が広いものにする。また，縦縞模様，ドット（水玉模様）は，避けた方が無難である。縦縞は，刑務所のイメージに関連付けられたり，ドットは黒い穴，深い穴，汚れた斑点に見えたりするため不安を与えてしまう。また，絵画などの美術品は，被写体が違って見えたり，色彩の一部しかみえなかったりすることで混乱を招くこともある。先述したとおり，これらが愛着のあるものだったり，孤独感を拭うことにつながるという考え方があるが，症状の進行に伴って認識できなくなることもあるため，配慮する必要がある。

　②　扉への工夫

　白い壁に白い取手を付けると見づらいため，対照的な色にする。また，認知症の人に開閉してほしくないドアがある場合には，ドアと同じ色にして隠すようにすることもできる。一方で，認知機能を刺激するために，会話のきっかけになるもので壁を飾ることもできる。季節を思わせるような装飾や，壁に直接絵をかいたりすることもできる。また，あるプライエボーリでは，全室同じ扉では個人の部屋を認識できないこともあるため，高齢者が住んでいた自宅の玄関の写真をプライエボーリの居室のドアに転写するといった工夫を施しているところもある。

　③　光

　認知症が進行することによって，光とのつきあい方がとても大事になる。こ

▷ 自宅の玄関を転写してプライエムの居室のドアに貼り，自室をわかりやすくする

れは，家庭における照明に関しても，同様である。たとえば，窓から差し込む自然光がどのよう建物に入るのかは重要である。自然光は，日中に様々な影を投影する。認知症の人にとっては，影が物体として認知されることもあるため，それが大きな不安を引き起こすきっかけともなり得る。日常生活の中で不安を感じないよう，必要に応じて自然光を遮断できるように，すべての窓にカーテンをつけておくことが求められる。

　一方で，デンマークでは部屋全体を明るくする照明よりもいくつかの間接照明で部屋を照らすのが一般的である。認知症の人の部屋についても同様で，部屋のさまざまなところに間接照明を置くようにする。その理由は，光の当たるところとないところのコントラストが強くでてしまうためである。なるべく暗くなる場所を作らないような工夫が必要となる。

　また，「家庭のような」という文脈の中で考えると，居室のダイニングテーブルの下に，ペンダントライトを置いたり，読書や手芸をするところにタスクランプ（作業する場所に必要な明るさが届く部分照明のこと）を置くことによって，家庭的な照明セッティングになる。これらは，単に家庭的な雰囲気を作ることを目的にしているのではなく，このように配置される照明が持つ意味（機能）を理解することによって，日常の家事や生活を思い出すきっかけにするためである。たとえ，家事，読書や裁縫がすでにできなくなっていたとしても，そのような状況をつくることが重要なのである。

　共有スペースとしてのリビングの空間にも，光をどのように取り入れるのかは考えておく必要がある。たとえば，リビングの窓は，南，東，西の各方向にあることで，1日の光の道筋をたどることができる。太陽が動いていることを感じることで，そのことが刺激になり，認知症の人の時間の理解に役立つこともある。認知症の人が「わかる」ことを，生活の中に作りだすとき，環境がその助けになることは大いにある。

庭
　プライエボーリの庭園や屋外スペースは，認知症の人が自由に過ごせるよう

▷庭に巣箱を掛け鳥が来るのを待つ

になっている。意図せぬ外出により事故に遭ったり，行方不明にならないよう，プライエボーリの中の守られた環境での暮らしに閉塞感を感じないようにするためである。屋外で過ごす時間が長いほど，認知症の人の興奮や苛立ち，イライラが少なくなり，攻撃的行動を減らすことにつながるともいわれており，筆者が訪ねたデンマークのプライエボーリはどこも広い庭があった。

　自然環境は認知症の人に大きな満足感を与え，一般的には QOL を向上させる。緑豊かな環境は，認知症の人の生活リズムに良い影響を与えている。実際，屋外で日光に当たる時間を増やすと，より良い睡眠につながることは周知のことである。プライエボーリでは，住人の睡眠を妨げたり混乱させたりする要因が少ないため，昼間の光を浴びることによって良眠と苛立ちなどを軽減する実践が行われている。

　①　セラピーガーデン

　四季を通じて五感を刺激する植物や木々を庭に植える。セラピーガーデンとして作る際は，感覚的な刺激を増やすようにしていく。そのため，庭には，鳥

や蝶々が集まってくるようにしたり，視覚，嗅覚，触覚を刺激するようなさまざまな植物を植える。庭は，1年を通して毎日が何かを体験するという連続になるように工夫される。

　② 休憩できるエリア

　庭には，固定式と可動式の椅子，ひじ掛け付きベンチを置く。座席に車いすや歩行器などを置くスペースを確保し，パラソルや生垣など，座席の周囲が隠れるようにする。ベンチは，プライエボーリの入り口近くと離れた場所の両方に置くようにすることで，認知症の人と家族の両方が利用しやすくなる。

　③ 活動エリア

　庭には，バーベキューのできるエリア，花壇，植木鉢，作業場があるとよいとされる。なじみ深く，楽しみながらできる庭でのアクティビティは，多くの

人に適しており，昔を振り返ったり，体を動かす機会にもなるため，認知症の人にも適している。また，育苗床を使えば，車いすに乗っていてもガーデニングができる。庭の中心に共同作業場や意味のある活動の機会をもてるように構成すると，効果が高いと言われている。

④　歩きやすい舗装された道

歩行器や車いすを使用している認知症の人にとっては，大きな傾斜や高低差がない広い道が必要である。また，行き止まりをつくらないように，道は緩やかにループを形成するようにする。行き止まりは，この先に行くことができないという閉塞感につながるため避けられている。また，道は認知症の人にとってわかりやすいように整備しておく。

▷車いすに座ったままでもガーデニングができるような高さになっている

⑤　安　全

　認知症の人が一人で散歩しても，迷ったり遠くまで歩いて行ってしまい戻ってこられないということがないように，庭はセーフティガードとしてフェンスで囲まれており，階段には手すりがついている。見当識障害があることも踏まえ，屋外環境は見慣れた範囲を設定することで，認知症の人にとっては安心できる場所となる。誰からもサポートを受けずに，「安全」に一人で庭に出て自由に散歩できることは，認知症の人のQOLと幸福度にとって大切である。この場合の「安全」とは，一人で誰からも干渉されることなく屋外での時間を楽しむことが前提となる。

　生き物

　プライエボーリでは，動物（ペット）を屋内や庭で飼っていることも多い。これまで筆者が訪れたプライエボーリでは，犬，猫，鳥，ミニブタ，ウサギ，ニワトリなどを飼っている様子を見たことがある。ペットを飼うことで幸福感やQOL，気分の向上をもたらすという研究結果に基づいて取り入れられている。

　音　楽

　音楽は，認知症の人やその周りの人達との関係に大きな影響を与える。音楽というと，「音楽療法」が思い出されるが，プライエボーリやデイセンターなど高齢者ケアの現場では，毎日の生活の中に音楽を取り入れることによって，認知症の人への刺激をつくりだしている。音楽鑑賞，歌うことなど取り入れ方はさまざまあるが，いずれにしても記憶を刺激したり，コミュニケーションの促進にもつながっていく。ダンスや体操などにも音楽は欠かせない要素となっている。

　認知症の人にとって，音楽はアイデンティティ，文化，ライフイベントと密接な関係がある。そのため，なじみの音楽と触れ合えた時に他者に攻撃的になるような言動が抑制されたり，心を落ち着かせることができる。実際にプライエボーリやデイセンターでは，毎日15時過ぎのティータイムの時間に全員が音

▷グループホームで飼育されている犬

▷プライセンターの庭でミニブタを飼育する

楽に合わせて歌っている。曲は，高齢者が聞けば口ずさむことができる曲ばかりだ。全員に時間が来ると配布される本には歌詞だけが書かれている。ほんの10分くらいの時間，2〜3曲短い曲を歌う。ハミングで参加してもよいし，聞いているだけの人，歌詞を目で追っているだけの人もいる。どのような参加の仕方でもよい。

　認知症ケアにおける音楽との関わりについて大事なことは，認知症の人の音楽の嗜好やこの空間に参加することが意識的な選択に基づいていることである。さらに，音楽を使った活動は，日常の身体ケアやの一部であり，限られた時間でアクティビティとして提供するものではないとされている。つまり音楽は，「音楽アクティビティ」などといった枠の中で時間を決めて提供するものではなく，生活のそばにあるものという認識なのである。

3　福祉テクノロジーを利用したケアと職業倫理

　デンマークはケア領域へのテクノロジー導入の先進国と言われている。この節では，ケア現場で実際に行われている取り組みやその根底にある倫理についてみていく。今日，活用されている「福祉テクノロジー」は数えきれないほどある。「福祉テクノロジー」という言葉は，デンマークにおいて介護機器や福祉用具，そして介護ロボットを包括する言葉として使用されており，「福祉テクノロジーとは，介護，保健，教育の分野で利用者がよりよく暮らすための技術であり，人工コミュニケーションにより住人の生活課題を解決する方法の総称」[3]と定義されている。なお，人工コミュニケーションとは，スマートフォンやタブレット端末も含むとされている。

デンマークの福祉テクノロジーの導入の変遷
　デンマークにおける福祉テクノロジーの導入の萌芽は，2007年頃のことである。現在では，自治体に福祉テクノロジーを担当する部署を設置し，専門の職員が配置されている。デンマークでは，2015年までに福祉機器を含む省力化機

器に対して約30億 DKK の予算を計上した。これは公共分野への技術導入を促進するために「PWC（Public Welfare technology）」によって実施されたものである。2009年には，介護労働負担軽減プロジェクトのための基金「ABT 基金」を設立した。さらに，2013年にはすべての自治体は，①食事支援，②排せつ，③移動支援，④リハビリ等に補助装置を活用するといった介護機器の導入を重点項目と掲げて取り組んでいる。

　このような福祉テクノロジーの積極的な導入には，要介護者が増えていく中で，人財不足が懸念されているという背景がある。そのためケアスタッフの労働量の削減，つまり，人によって行わなければならない労働の範囲を削減するという目的がある。たとえばロボット型掃除機を使用することによって，高齢者と一緒に食事をしたり，散歩をする時間を確保でき，ケアに時間を使えるということである。

　デンマークでは，ケアスタッフが「人を持ち上げる」という行為をしない。そのため，身体ケアのほぼすべてにおいて，テクノロジーが導入されているといっても過言ではない。代表的なものでは，ベッドから車いすへの移動，車いすからシャワーチェアーや便座への移動は，基本的に天井型リフトを使用する。そのため，プライエボーリの各部屋には天井型リフトが完備されている。また，高齢者が転倒した場合でも抱きかかえて立たせることはしない。立ち上がることをサポートする機器が高齢者を起こす。さらに，要介護度が高い高齢者の寝返りを支援するのも機器を使用する。マットレスとシーツの角度を電動で変えることにより無理なく体位変換できる装置（ヴェントレット）が導入されている。

コミュニケーションロボット

　プライエボーリでは，アザラシ型のぬいぐるみ「パロ」が認知症の人の精神的な安定と気分の向上に効果があると人気があり，導入が進んでいる。パロは，さまざまな音や特定の声に対して反応する。一般的に満たされているときに発すると言われている音で鳴き，感情的なつながりをもたらすと言われてい

る。これは，ペットを飼うということで得られることと同等だという。

　さらに，パロは，犬や猫といったペットと比べると毎日世話も必要なく，逃げることなどもない。また，不要ならば電源を切ることができるということが利点であり，認知症の人のケアに適しているとデンマークでは評価されている。

　認知機能の低下している高齢者はパロに愛情を注ぎながら，絆を深めている。一方でデンマークでは，ロボットと絆を深めることを倫理的に許容してよいのかという疑問が提起されている。つまり，ロボット型のパロは，「生きている」と解釈されてよいのかということである。認知症の人へのごまかしや見せかけは，本人の尊厳を傷つけることに他ならないからである。

　パロは，従来のさまざまなぬいぐるみや人形よりも生きているかのようなコミュニケーションを可能にした。そのことが，高齢者が抱える孤独などといった問題を，人間のようにふるまうロボットで補完することを是とするのか，という次の課題への問いでもある。

一人暮らしを支えるテクノロジー

　認知症の症状が徐々に進行すると，一人暮らしの人にとっては生活の手助けが必要となってくる。自治体には，福祉テクノロジーを担当するスタッフが配置されている。このスタッフが認知症コーディネーターと認知症の人の家庭訪問をした際に，日常生活の中でもの忘れをすることで生じていることに役立つ機器を紹介したり，その利用を勧めている。

　たとえば，薬の飲み忘れ等には，アラームやアラーム付きのピルケースがある。日付や曜日がわからなくなり不安に感じる人には，時刻と日時がわかるようなデジタル時計もある。また，機能を限定して4人まで登録できる携帯電話や，顔写真と携帯電話の番号をリンクして登録する機能を使って電話をかけられる機器を提案することもある。口笛に反応するキーホルダーもあり，鍵をどこに置いたのかわからなくなってしまった場合に，口笛を吹けばキーホルダーから音が鳴り，その音を手がかりに鍵を探すことができるというものである。

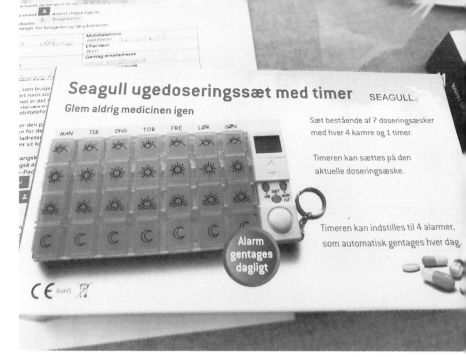

▷アラーム付きのピルケース

▷写真付きの固定電話。事前に写真の相手
電話番号を登録しておくことができる

このようなさまざまな例は，認知症の人の自立生活を助けるだけでなく，自己肯定感の保持に役立つ。福祉機器を利用することによって自己管理ができることは，生活の満足にもつながる。そのアセスメントとフィッティングを専門とするスタッフを配置し，在宅生活を支えているからこそ，一人での生活の継続もある程度可能になっている。

センサーフロア

　デンマーク国内の３つのプライセンターでは，センサーフロアを採用してケアを行っている。センサーフロアとは，フィンランドにある MariCare 社が開発した床材とセンサーを一体化したシステムのことであり，Elsi Smart Floor® と言われるものである。住人やスタッフが床に立つ，歩く，寝るなど接触している人の足や体の一部などを，床上の導電物を察知することができる。他にもこぼれた水や動物，特定の金属にも反応し，それらがあらかじめ設定してある時間以上に同じ場所にとどまっている場合には，スタッフの腕時計型の携帯電話のアラームが鳴るしくみとなっている。

　このシステムでは，３か月間のデータが保存される。アラームの種類は６種類ほどあり，住人のニーズや状況に応じて，察知アラームを設定することができる。そのため，各部屋および住人の自立の程度や，生活上留意することなどによって，個別に設定されている。

　センサーフロアの利用にあたっては，プライセンターに入居する際に高齢者にその機能などを説明したうえで，同意が得られた高齢者に限って，作動させることになっている。このシステムを採用しているプライセンターの住人のうち，機能を理解したうえで使わないと言ったのは，わずか１％であったという。高齢者の家族は，転倒時に高齢者本人が助けを求められない場合でも，スタッフの携帯にアラームによって転倒を知らせることにより，駆けつけてくれるという安心感があるという。モニタリングをしているのではなく，セキュリティの観点から用いられているということが大きい。

　住人は，監視されている感覚はなく，この部屋にはセンサーがあることにつ

いて「これがあるから安心」と思っているようである。

センサーフロアの導入によって高齢者福祉現場にもたらされたもの

センサーフロアを導入しているプライエボーリとそうでないプライエボーリでは夜間の住人の安全確認にかける時間に差があると言われている。センサーフロアのあるプライエボーリでは，住人1人あたり約1分であるのに対し，センサーフロアのないプライエボーリでは，約9分だという。つまり，センサーフロアによって見回りの回数を減少させることができるということである。もし，住人が転倒したり，夜中にトイレに起きようとしてベッドから落ちた場合には，どのくらいでスタッフがそのことに気づくのか。調査によると，住人が床でそのまま横たわっている時間は，センサーフロアがあるプライエボーリでは約2分なのに対して，センサーフロアのないプライエボーリでは約90分かかっている。

センサーフロアがもたらした労働環境の変化

センサーフロアは，ケアスタッフの心理的な変化をもたらしたと言われている。たとえば，住人の部屋に入るときに，あらかじめアラームで何が起こっているのかを知らせてくれているため，予測ができること。これは，居室をたずねたら転倒している住人を発見したということよりも，通知されてから助けに行く方が，スタッフにとって心の負担が少ない，ということである。センサーフロアがなかったころは，転倒している住人を発見することで，ケアスタッフがトラウマになったり，自責の念に駆られることあったという。

教育の段階から福祉テクノロジーを学ぶ

ケア場面では人の力で移乗することや，人を持ち上げることしないため，社会保健介助士（SSH）や社会保健介護士（SSA）を目指す学生（くわしくは本書第4章）は，様々な福祉テクノロジーを駆使できなければ実習することもできない。そのため，移乗の技術と知識を学習するのと同時に，実践現場により近

い形で福祉テクノロジーを利用した実践学習も行う。特に移乗技術では，労働環境や人間工学の知識をもとに実践することで，ケア労働の身体的な負担や労働災害を起こさないように学習する。

　様々な福祉テクノロジーは，こうした学生の学ぶ意欲をかき立ててくれるものであるが，一方でそれらを批判的に見ることも教えていく必要がある。それは今後，ケアの専門職として，よりよい福祉テクノロジーの発展に貢献することにつながるからである。

　ケアスタッフにとってより使いやすいもの，高齢者にとって安楽なものは，一番近くで日々ケアをする者が一番知っている。また，福祉テクノロジーはケアスタッフたちの仕事にどのように役に立つのか，また高齢者にはどのように役に立つのかという立場で考えることも大切である。なお，企業からは職業訓練校に福祉テクノロジーを用いた福祉機器が貸与されており，学生は，最新の福祉テクノロジーを用いた機器を使用して技術の習得を行う。

福祉テクノロジーの導入に伴う倫理的課題

　日本にける福祉テクノロジーの導入は，業務自体の省力化と人財不足への1つの対応策として進められているが，デンマークでは，福祉テクノロジーを利用することによる倫理的課題を「ソーシャルロボットに関する勧告」で指摘している。そこでは，自動洗浄便座（ウォシュレット）をはじめとする清潔を保つための機器は，プライバシーに関わることをケアする側に委ねることなく，尊厳を保つことができるという利点があると評価されている。

　一方で，パロをはじめとする対話型ロボットが果たす役割が，ケアスタッフと話をするといった時間の増大をもたらすためのものなのか，コミュニケーションの代替であるのかという点は考慮すべきである。プライエボーリでのパロを用いた実験では，「認知症の人がパロへの関心を継続するためには，ケアスタッフによる補助を必要とすること」が明らにされている。つまり，ケアの省力化にはなるが代替ではないということである。

　もし，ケアの代替としての福祉テクノロジーが普及されるのであれば，身体

的な関わりの機会を減少させることになり，心情の共感や共有をすること，ケアという仕事への責任感などが薄れるとの懸念もある。人がどのように福祉テクノロジーと共存し，何を分業していくのかを明確にしていかなければならないのかが問われているのである。

　この点について，デンマーク国家生命倫理委員会では「技術開発は人とのふれあいの機会を増やすことを基本原理とすべきであり，人とのふれあいを不適当な代替物によって置き換えるべきではない」としている。つまり，福祉テクノロジーを用いて生活支援をするケアスタッフや，そのプライエボーリのリーダー層に高い倫理観と，何のために福祉テクノロジーを導入するのか，という明確な意識がなければ，業務の軽減をはかることばかりに注目してしまいケアとは何をすることなのかがわからなくなってしまう。その結果，ケアの作業化がより進んでしまうことが考えられる。

　一方で，スタッフが高齢者の情報を入力したり，閲覧したりするPDA（personlig digtal assistant：高齢者に提供すべきサービスが入力されておりスタッフが実行したかどうか，特記事項やサービス変更などを記録するもの）の使用についてもあらかじめ，高齢者に対して失礼にならないようにトレーニングが必要だと言われている。たとえば，PDAで何かを閲覧しながら，高齢者との会話をするという場面があれば，そのことの事態がケアの質を落とすことにつながりかねないため，今PDAで何をしているのかをきちんと高齢者に伝えながら行うことなどの配慮が必要である，とされている。

　福祉テクノロジーの導入は，すべての高齢者にとって受け入れられるものではない。人がひとと触れ合う中で感じる安心感を求めている人，福祉テクノロジー自体が受け入れない人，あるいは，その利用が高齢者にかえって負担になるという場合には，自治体が福祉テクノロジーの利用を特定の高齢者に限るような決定をすることもある。また，福祉テクノロジーの利用によって社会的孤立が強まってしまう場合には，社会的なつながりの強化のために別の選択肢を検討する。デンマークにおいて福祉テクノロジーは，ニーズがある人に対して適切に使用するものという認識である。

プライバシーの問題

　福祉テクノロジーの導入は，障害者や高齢者の自立が促進される一方で，遠隔から見守りが可能な状況は，プライバシーの侵害ともとらえられることを認識しなければならない。先に述べたセンサーフロアの導入時も，デンマークでは法的な問題について意識してきた。スタッフはセンサーフロアによって，居室で何が起こっているのか，何が行われているのかを知ることにもなるが，閉められたドアの向こう側で起こっていることをすべて記録する必要性はない。特に夜間の高齢者の行動は，監視されるものでも，逐一記録されるものでもない。

　新たな技術の導入がQOLの向上に寄与し，そこで暮らす高齢者の幸福度と直結しているか判断するのは難しい。QOLについては，常に議論となるものであるからこそ，高齢者ケアを生業にするものにとって，技術の開発・導入を急ぐのではなく，新しい技術が開発された時にその使用における倫理的課題を十分に議論し，QOLという側面からどうとらえられるのかについてスタッフ間で合意形成をしていることが大切である。

福祉テクノロジーコンサルタントの配置

　自治体には，福祉テクノロジーコンサルタントが配置されている。筆者が出会った福祉テクノロジーコンサルタントのイエッテ（Jette, F.）は，作業療法士の教育を受け，健康増進に関する修士号を取得している。今の職に就くまで高齢者分野で17年間の経験がある。イエッテの仕事は，ニーズを掘り起こし，そのニーズとテクノロジーがマッチするようにすること，福祉機器を使うプライエボーリに勤めるケアスタッフや，実際に使っている高齢者・障害者についての情報を得ることである。市民に対しては，在宅生活で使用できる，福祉用具の展示や紹介等をしている。

　自治体に福祉テクノロジーに関する部署があり，そこに配置される専門職がいることにより，使い方がわからない，自分には何が合うかわからないなどといったことに対応できるため不安は解消される。

4　どう暮らしたいかを決める意思決定支援

　今日，アルツハイマー病の治療薬が次々と開発されており，認知機能の低下
がゆるやかになる効果があると報告されている。しかし，現状では，症状は進
行し，それにより認知機能が低下することを妨げることはできない。次第に自
分の中に「こうしたい」という意思があっても，うまく伝わらない，伝えられ
ないこともでてくる。その場合に，あらかじめ自分の意思が伝えられるように
書いておく実践がデンマークにはある。本節では，QOL の保たれた日々の暮
らしをどうつくっていくのか述べていく。

認知症と意思決定

　デンマークでは，ケアの中心に高齢者三原則がある（本書，第 1 章参照）。
「継続性」「自己決定」「残存能力の活用」は暮らし方を決定づける重要なキー
ワードとなっている。この原則は，1982年に報告された「高齢者サービスのあ
り方に関する答申」の中で述べられており，高齢者自身がワーキンググループ
をつくり，勉強を重ねながら，「自分たちは高齢になった時，どのような生活
をしたいのか」という生の声を集積した結果である。この答申以降，国や自治
体が必要な人に必要なサービスを提供するように努力してきたが，“そもそも
高齢者がどのような生活を望んでいるのか”，“どのような老後を過ごしたいと
考えているのか”，“そのニーズに沿うことが大切なのではないか”ということ
が問われはじめた。それは，たとえ認知症になったとしても変わらない。認知
機能が低下し自己決定が難しくなる高齢者の意思確認を，どのように実現して
いくのか，その方法を模索してきた。

　2005年 1 月から，社会サービス法第83条第 4 項において，「認知症の診断を
受けた人のケア・サポートを行う場合，自治体および居住施設は可能な限り，
本人の希望を尊重しなければならない」と定められた。それに基づき，自治体
は，「介護遺言」のフォーマットを作成することになった。「介護遺言」は，日

常生活を送るのに誰かの手助けが必要になった場合，どのような生活を送りたいのか，それを記しておくものである。書き込むことについては，認知症の人自身ができる場合もあれば，家族やケア提供者が高齢者の意向を聴きながら書きこむ。

　介護遺言は，あくまでも「認知症の人」を理解し，その人の希望に沿ったケアを提供していくための指針となるものである。介護遺言に書かれた内容でケアを行うことが認知症の人にとって不利益になるような場合も想定されるため，あくまでも認知症の人が最善の利益を得られるようにするためのものである。

「介護遺言」に記される内容

　認知症の人が，自分のこれからの生活について記す場合には，自由に何でも書けるものであるからこそ，何を書いてよいのか分からなくなることも予想される。

　そのため，具体的な質問に答えていく方がわかりやすいとして，**表3-2**ような質問事例が紹介されている。たとえば，生活習慣については，「あなたの1日の生活リズムはどのようなものですか」という問いに対して，「夜遅く寝るのが習慣で，朝はゆっくりと寝ていたい」や「散歩に行きたい」といったことが書かれる。パーソナルケアでは，「自分の衛生に関して重要なことは何ですか」という問いに対して，「浴槽よりもシャワー浴がよい」といったことや，「できれば，長い髪を短くしたくありません」という本人の希望が書かれる。

　服装については，「あなたの身に着ける衣類はどのようなものがよいですか」と投げかけることによって，具体的に「長ズボンを履くのが好き」「水玉模様や茶色，ベージュの服は着たくない」という本人の嗜好がはっきりする。食事に関しては，「食べ物・食事に関して重要なことは何ですか」と問えば，「コーヒーは濃いブラックが好みだ」「ブロッコリーは嫌いで，トマトは好き」「オートミールは食べません」ということなど，その嗜好について比較的簡単に書く

ことができる。

　趣味・関心については，「あなたの趣味はどのようなことですか」や「テレビ，歌，音楽，その他の音とのかかわりはどうですか」という問いによって「雪や霜が好きではないので，寒くて滑りやすい日は外に行きたくありません」「歌を歌うのが好きです」「いきなり大きな音を立てられると恐怖を感じます」などと記される。認知症の人は「音」に対して非常に敏感であると言われているため，快・不快を感じる個人差が顕著に現れる。そのため，高齢者にとっては周囲に伝えておきたい情報であり，家族やケアスタッフにとっては知っておきたいことでもある。

　ほかにも，「お祝い，お祭り（クリスマスや誕生日など）は，あなたにとってどのようなものですか」「プライエボーリに移るとしたら，どのようなものを一緒にもっていきますか」「自分の住居に備え付けられているものはどのようなものがいいですか」といった質問によって，認知症の人が具体的に何を書くのかをイメージできるような構成にしている。

「介護遺言」の作成時期と方法

　デンマークでは，認知症と診断されると自治体の認知症コーディネーターが自宅を訪問し，本人と家族から話を聞きながら，今後の生活について話をすることになっている。そこで，必要があれば，デイセンターへの通所やホームヘルパーの派遣について提案する。訪問の際に「介護遺言」のリーフレットやフォーマットを持参していて，「気が向いたときに書いておくとよい」と伝える。

　「介護遺言」は，書面以外の方法で記録することもできる。たとえば，ノート，冊子，テープ，ビデオ，CD，DVD に残すことも可能である。重要なのは，内容であり形式ではないため，高齢者の認知機能の程度によって一番伝えやすい方法で作成することがよいとされている。

表 3-2 介護遺言に記載する項目例

個人的なケア	入浴とトイレについての要望 ・お風呂　ぬるいお湯，熱いお湯，頻度，入る時間帯 ・トイレに行く頻度 ・化粧，髭剃り ・美容院（床屋），歯の手入れ，足の手入れ，つめの手入れ ・その他
服装について	服装や自分のお気に入りの服についての要望 ・避けてほしいもの ・色／スタイル／素材 ・普段着／外出着 ・寝衣 ・靴 ・その他
食べ物	食べ物と食事についての要望 ・好物，嫌いなもの ・食事に関する特別な要望，たとえば一人で食べたいなど ・3食の食事以外の特別な要望 ・アレルギーのある食品 ・その他
飲み物	飲み物に関する要望 ・好きな／嫌いな飲み物，たとえばコーヒー，紅茶，お茶，冷たい／熱い ・その他
運　動	自分が好きな／嫌いな運動 ・散歩，ジョギング，運動，サイクリング，ボート漕ぎ，水泳 ・その他 ・どのくらいの頻度，時間，どの時間帯で，室内／屋外 ・運動はしない
興味，関心	私が興味あること ・音楽，クラシック，ジャズ，ポップス等 ・読書　たとえば文芸，実用書，詩，作家，海外本／国内本 ・芸術，特定の芸術家，展覧会 ・楽器を弾く，他の人と歌を歌う，カードゲーム，塗り絵，手芸 ・避けたい事 ・その他
テレビ／ラジオ／新聞／週刊誌	・読む新聞 ・読まない新聞 ・読む週刊誌／雑誌 ・鑑賞するテレビ番組　たとえば，ニュース番組，ドキュメンタリー番組，歌／音楽番組，スポーツ ・ラジオは聞かない ・その他

私の習慣／1日のリズム	・起床／就寝時間 ・寝る時に窓を開ける／閉める ・お昼まで寝る／寝ない ・タバコ，葉巻，パイプを吸う　いつ吸うか？メーカー等 ・その他
私の家族と友達	・私の家族／友達 ・私たちが合うのは：毎日，毎週，祝祭日，誕生日 ・ほとんど会わない ・あなたが助けを必要になった時，あなたの日常生活を助けてくれる家族の名前を記入 ・その他
祝祭日（年間行事）	・私にとって意味のある祝祭日 ・誕生日，その他の記念日 ・その他
ペット	・私の好きな／避けたいペット ・アレルギーがある動物 ・その他
医　者	・転居しても，現在の医者，歯医者を変更したくない ・医者の名前，住所，電話番号を記入
私の健康	カルテには記載されてない，健康上の問題点 ・頻繁に風邪をひく ・腰が悪い ・頭痛持ちである ・関節痛がある ・その他 ・特に注意すること，どのようにそれらの健康状態を管理するか
住　居	・もし，いまの住居（施設）からの転居が必要となった場合，間取りなどの要望はあるか
私の宗教	・私の信仰についての要望 ・信仰深くない ・その他
人生の最期	・私の葬式についての要望 ・私の葬式については何も要望がない ・遺言を作成してある ・臓器提供の意思表示書を作成してある ・私の体を献体することにしている ・その他

出所：Plejetestamente（https://www.alzheimer.dk/media/x0illmqr/plejetestamente_formular_til_indtastning.pdf）

「介護遺言」の効力と位置づけ

「介護遺言」は，法的な遺言書のような効力のあるものではなく，社会的，経済的，法的問題は取り扱わない。そのため，公証人によって作成されるものではなく，いつでも内容を変更することもできる。「介護遺言」は，あくまでも認知症の人と家族と専門職がケアしていく際の指針となるものである。たとえば，「介護遺言」に，転居についてその意向が書いてあったとしても，強制的な転居を執行する場合もある。

また，「生涯，今の家で暮らしたい」と希望していたとしても，認知症が進行し，独居の暮らしでは生命と安全が守れないと認知症コーディネーターが判断し，法的にも転居が認められた場合には，本人の意向よりも法による決定が優先される。

その前提には，デンマークの高齢者は，プライエボーリに引っ越すのか，在宅かという居住の場の選択をするのではなく，どこで暮らすかという選択をすることにある。「どこで」という選択は，先述したデンマークの「高齢者三原則」のうちの"自己決定"ですでに保障されている権利であるため，「介護遺言」の中であらためて示す必要がない。

「介護遺言」は，通常の「生前遺言」の内容に含まれること（延命するかどうか）については，記述することができない。しかし，葬儀の要望や遺言が作成してあること，臓器提供の意思表示書を作成してあること，自分が献体を希望しており，すでに手続きがしてあることなどは，知っておいてほしいこととして書くことができる。

5　家族支援のかたち

個人主義と紹介されることの多いデンマークだが，同居家族への支援についても考えられている。子世代との同居することがないため，同居家族とは配偶者のことであり，ともに高齢であることを想定している。自宅で認知症の人をケアするためには，家族のケア力だけでなく精神的な安定も不可欠となる。本

節では，どのような家族支援のかたちがあるのかについてみていきたい。

家族支援を視野に入れたデンマークのケア

　個を大切にするデンマークにおいて，ケアが必要になった際にその家族は，どのようなかかわりをするのだろうか。認知症の進行に伴い，本人と家族の日常生活が徐々に変化していくことは避けられないことである。2016年に保健省は，「デンマークの認知症分野の中間報告書」を発表した。そこで，家族によるケアが１日どのくらい行われているのかを明らかにした。また，認知症のある人はその他の疾患がある人よりも医療機関にかかることが多く，多くの処方薬をもらっているため，その管理も必要となることを示した。報告書では，認知症の人の家族は深刻な身体的な疾患を抱えるリスクも高く，死亡率も高いと述べられている。さらに，認知症の進行の進行に伴って，精神的な不安も増えていく。

　2010年からの認知症国家行動計画（本書，第２章第３節参照）の実施に伴い，社会サービス庁は2013年に認知症の人の家族の休息や代替ニーズについて調査した。さらに，認知症の人との暮らしや家族を対象にした支援コースを立ち上げるプログラムを実施した。このプロジェクトでは家族の心理教育とマルテ・メオについて教育した。マルテ・メオとは，1970年代にオランダで開発された教育方法で，ケアの様子を動画で撮影し，後からその様子をチームリーダーなどと一緒に見ながら振り返り，ケア技術の向上を目指すものである。この教育を受けている間は，認知症の人に対するさまざまなアクティビティが提供されるようにした。

　政府は，家族支援に重点を置いている。家族が認知症の人へのケアを継続するため，家族自身が長期的なケアによる負担で，病気にならないことが大事になる。そのためには，レスパイトが極めて重要になる。2015〜2018年にかけて，社会保障基金協定によってコムーネとボランティア組織は，認知症の人の家族に対して，柔軟なレスパイトケアをすることを支援するための申請型補助金を創設し，1770万 DKK を予算化した。

認知症行動計画2025（本書，第2章第3節参照）では，認知症の人を対象にしたコースと家族を対象にしたコースの全国的なパッケージ開発に総額250万DKK を予算化した。家族のレスパイトには認知症の人に限定して行うサービスも含まれる。これによって，家族が休息する時間を得ることを可能にし，ケア以外のことをする時間がもてる。デイケアやレスパイトは，家族にとって重要な役割を果たす。

社会サービス法第84条では，家族のレスパイトについての条文がある。

地方公共団体は，身体的または精神的障害を持つ人をケアしている配偶者，親，その他の近親者に，休息や安らぎを提供しなければならない。

第2項 市町村は，ケアおよび看護を特に必要とする者に対して，一定期間，一時的な宿泊施設を提供することができる。

ボランティアによる家族支援——認知症フレンドリー

認知症ケアは，その時間の経過とともに家族がケアに要する時間も増えていく。身体的にも精神的にも辛くなることもある。そうなると，家族が自分の目標や仕事，セルフケアのための時間やエネルギーを充電する時間も必要となる。

認知症フレンドリーとは，そのような家庭に訪問するボランティアのことである。家族は，認知症フレンドリーが来てくれている間に，他の人と交流する，散歩する，運動する，レジャーに参加する，一緒に遠出すること，などが可能になる。認知症フレンドリーという活動をボランティアで行っている団体は，エルダーサーエン（Ældre Sagen）である。この団体は，デンマーク国内では2番目に大きな高齢者を支援する団体である。

家族も一緒に参加する，軽度認知症の人へのアクティビティの提案

クゥーエ（Køge）自治体では，"アクティビティカレンダー"を作成している。これは，いつ，どこで，どのようなアクティビティがあるのかが書かれたもので，認知症の人だけでなく家族も一緒に参加することができるものであ

る。近隣の３自治体と共同で作成されており，認知症の人と家族は，自分が参加したいと思うものに単発で参加できる。デイサービスや認知症の人専用のフィットネスなどは，利用に際して自治体判定が必要であるが，アクティビティはその必要がないため参加しやすい。３自治体で提供されているアクティビティの内容は現在11種類ある。

　表3-3は，2019年10月にクゥーエ（Køge），ファクセ（Faxe），ステウンス（Stevns）の３自治体のアクティビティカレンダーに付されている活動の内容説明である。いわゆる家族会的な目的を果たしているのが，カフェ，家族学校，親族の会といわれるものである。これらは，プライセンターやデイセンターなどのカフェで行われることが多いようである。一方，認知症の人と家族が一緒に参加したり，認知症の人だけで参加したりするものの多くは，屋外で活動したり，体を積極的に動かしたりするものが多い。

　ウォーキングやサイクリング，フィットネスやゴルフなど，好きなことを続けていくことや日常生活では感じられない刺激が受けられる活動を通して，身体機能が保たれている初期の認知症の人たちを対象にしていることがわかる。また，事前に登録しなくてもよい活動も多いため，毎週行かなければならないなど，強制されるものではない。家族にとっても比較的早い段階で，同じ経験をしている人たちに出会い，ネットワークを形成することにもつながる。

　早期診断のしくみを整備したデンマークでは，診断された後の活動の場が多数用意されており，家族も一緒に参加できることによって，初期に感じる本人と家族の不安に対応し，現実をゆるやかに受け止められるようにするしくみがある。さらに，家族少しだけ休息が欲しい，認知症の人と離れて自分の時間がほしいというときにも，自宅に来てくれるボランティアという発想でレスパイトできる。認知症の人が不安を感じたりストレスになることをしないような実践といえるだろう。

　認知症の進行に伴って他者からケアを受ける度合いが多くなると，異なるストレスを感じることもある。たとえば，自分で自分のことがしたいのにうまく行かない，思い出せないという現実と向き合うことがあげられる。テクノロ

表3-3　アクティ

ともに歩く

「ともに歩く」は，人と出会い散歩するウォーキングクラブです。私たちの活動は，90分で終了します。そのあとプライセンターでジュースとケーキを食べます。

散歩のペースや距離は，みなさんの体調によって違うことがあります。ボランティアで一緒に歩く人たちも認知症のことについて理解しています。

この活動は，認知症の人と家族の方にも参加していただけます。この活動への参加条件は，歩行補助具なしで1キロ歩くことができれば大丈夫です。

日時：毎週金曜日
　　　11:00～11:30

デュオサイクル

素敵な自転車に乗って秋の風を楽しみましょう。

デュオサイクルは2人乗り用の自転車で，運転席と助手席に独立したペダルがついています。

そのため，体幹が少し弱くなっている人でも使用できます。自転車には，7段ギアがついているため快適です。少々の坂道や丘などは自転車でいけます。

自転車は無料で借りられます。

日時：毎日
チームに電話して予約してください。

いっしょに歌おう

2人のミュージシャンと一緒に歌いましょう。

2人の歌も聞けますよ。途中で休憩をしますが，その時には，コーヒーとケーキがでます。

日時：10月22日（火）
　　　14:00～16:00
定員：60人
メールまたは電話，SMSで申し込んでください。

ネイチャーホールド

外に出て自然に触れてください。散歩に出かけていろいろなエクササイズをします。散歩のペース，距離は個人に合わせていきます。認知症の人とその家族の方は大歓迎です。参加するには，補助器具なしで最低でも1キロ歩けることが必要です。この活動は認知症トレーニングセラピストが先導します。理学療法士と作用療法士です。

日時：水曜日
　　　12:30～
偶数週：ヴィラガリーナ
奇数数：ヴェムメトフテの森
登録の必要はありません。

会話カフェ

高齢者委員会と共同で開催する月1回のカフェです。ここでは，他の認知症の人の家族に会うことができます。

お互いにサポートし合うこともできるでしょう。認知症の人の配偶者だけでなく，ご友人，お子様などの参加を歓迎します。カフェは高齢ボランティアによって運営されています。

コーヒーとケーキが出ます。

日時：毎月第1火曜日
　　　14:00～16:00
Faxe ヘルスセンター
登録の必要はありません。

家族学校

家族学校は，あなたのためにあるコースです。認知症のご家族または親しい友人の方の参加を待っています。

日常生活で活用できることについて知識を得ることができます。

10/ 7　活動と感覚刺激／
　　　　トレーニング
10/14　認知症ケアに関する
　　　　法律
10/21　認知症の人の家族へ
　　　　の自治体からのお知
　　　　らせ
日時：上記の日付
　　　18:30～20:30
Faxe ヘルスセンター
マネジャーに参加申し込みをしてください。

ビティの紹介

認知症にやさしいフィットネス

この活動は，認知症の人と家族のためのものです。認知症コンサルタントがみなさんをガイドします。

初回は無料ですが，その後は毎月参加費を払う必要があります。

参加する人には，送迎と室内履きを用意します。

日時：毎週火曜日
　　　9：00～12：00
野外の芝生
登録の必要はありません。

認知症の人にやさしいゴルフ

経験豊富なゴルファーとゴルフをしてみませんか。ゆっくりとしたペースでゴルフをします。
毎週金曜日にゴルフクラブで行います。ゴルフチームは，エリン氏が窓口です。
質問があるときは，彼女に連絡してください。5134-49-42
１人でもよいし，家族との参加も大丈夫です。参加費は100DKK です。
日時：毎週金曜日
　　　10：00～11：00
市内３つのゴルフクラブのいずれかで行います。
３日前までに参加の連絡をしてください。

金曜カフェ

居心地のよい時間を過ごしませんか。

コーヒーを飲んでケーキを食べながら話をしたり，歌を歌ったりゲームをします。

日時：10月4日（金）
　　　10：00～11：30
登録の必要はありません。直接お越しください。

火曜クラブ

火曜クラブの活動は，あなたと同じ状況にいる他の人に出会うことを目的としています。ゲームをしたり，散歩をしたりします。
クラブへの参加費は，月150DKK です。このお金は，ランチで使用します。
参加するときは，ご自身で来られることが必要です。
日時：毎週火曜日
　　　10：00～13：00
シニアセンター

連絡してください。

親族の会

親族の会は，無料で認知症の人の親族がお互いの経験から学んで新しい知識を習得したりする場です。

日時：隔週の月曜日（奇数週）
　　　隔週の水曜日（偶数週）
　　　10：15～11：45
シニアセンター
登録の必要はありません。直接お越しください。

ジーを利用しながら自立と尊厳を保ち，認知機能が低下したとしてもそれに適した住宅環境を整えている場所で暮らしていくこと，さらに自分の日々の過ごし方をあらかじめ記載しておくことによって安心を獲得することにつながるのである。それは認知症の人の QOL が維持された生活の実現であり，認知症を理由に QOL の低下させない実践ともいえる。

注

(1)　https://www.edendenmark.dk/
(2)　Indretning af plejecentre Indretning af plejecentre – for svage ældre og mennesker med demens（https://socialstyrelsen.dk/udgivelser/indretning-af-plejecentre-for-svage-aeldre-og-mennesker-med-demens）（2022.12.10閲覧）.
(3)　2019年5月に東京・名古屋で開催された「デンマークにおける介護人材養成・確保の実際」のシンポジウムにおいて SOSU 学校のラボ講師，シャンネ・ユール・イエンセンが報告した資料より。
(4)　The Danish Council of Ethics "Recommendation concerning Social Robots" 2010. デンマーク国家生命倫理委員会『ソーシャルロボットに関する勧告』（山内繁訳）（https://www.f.waseda.jp/s_yamauchi/Robot/docs/Recommendations_Social_Robots.pdf）（2022.10.1閲覧）.

参考文献

Demensvenligt hjem Inspiration til indretning af din bolig og hverdag,Aalborg Kommune（https://demens.aalborg.dk/media/8783629/demensvenligt-hjem-inspirationskatalog-aak.pdf）（2022.11.1閲覧）.

Signe tretteteig og Kirsten thosen（2011）Livskvalitet foe personer med demenssydom-sett i et livsløpsperspektiv – En narrative tilnærming basert på pårørendes foryrllinger.Nordisk Tidsskrift for Helsefoesking,ne.2-2011,7 årgang（https://www.aldringoghelse.no/ahhive/documents/Tretteteig_2011_39-.pdf）（2022.10.20閲覧）.

Demens – og hvad så med fremtiden ? En folder om plejetestamenter（https://sm.dk/Media/637666148806207522/AE_Demens_og_hvad_saa_med_fremtiden_jan2005.pdf）（2022.12.19閲覧）.

Plejetestamente（https://www.alzheimer.dk/media/x0illmqr/plejetestamente_formular_til_indtastning.pdf）（2022.11.15閲覧）.

汲田千賀子（2015）「デンマークに見る『介護遺言（plejetestamente）』の実際とその意味」『日本認知症ケア学会誌』13(4)　790-799.

汲田千賀子（2019）「介護現場における福祉テクノロジーの導入をめぐる一考察」『同朋福祉』no.26，167-181.

第4章

デンマークの高齢者ケアの高度化を担う人財養成

・・・

老化による ADL の低下や疾病による障害など，高齢期の生活には医療とケアは欠くことができない。さらに医療技術の進歩によって医療とケアを必要としながら，自宅やプライセンターで暮らす高齢者は著しく増加した。それに対応すべく，ケアスタッフの教育や資格体制を変えてきたのがデンマークの特徴である。本章では，どのように資格や教育内容が改編されてきたのか，特に医療行為ができる専門職の登場や高校卒業資格とケア従事者になるための資格を同時に取得するコースの設置，さらに自立した専門職を養成するために行われている教育内容について触れていく。家事援助から身体的ケア，そして医療行為含むケアを担う人財養成は，デンマークにおける今後の高齢者ケアにとって要となる。

1　ケア従事者養成の変遷

ホームヘルパーからケア従事者資格の制度化

デンマークは，1970年代に20年もの長きにわたる経済不況を経験した。そこで経済政策の一つとして行われたのが，医療費の削減であった。当時，高齢者の入院，通院費が財政を圧迫している状況であったため，その財政問題の解決が急がれていた。最初に着手したのは，病院での入院日数の短縮であった。早期退院を実現するためには，在宅で暮らせるように保障していく必要があったため，在宅療養できるための24時間ケアシステムの導入，いわゆる24時間巡回型ヘルパーと訪問看護の導入に踏み切ったのである。その結果，入院期間は

1991年は11日，1995年は9.4日，1999年は8.1日，2003年は6.8日に短縮させることができた。現在では，約4日程度といわれている。

このような中で，在宅生活を支えてきたのがホームヘルパー（hjemmehjælper）であった。ホームヘルプサービスに類似したサービスとしては，1940年代から「主婦レスパイト」が制度化され，続いて「ホームヘルプ」が制度化された。主婦レスパイトは後のホームヘルプ制度のモデルとなった仕組みで，1920年代からボランティア組織が運営するサービスとして存在してきた。

高齢者に対象を定めたホームヘルプが始まったのは，1950年代といわれており，1958年には公的な制度としてのホープヘルプサービスが始まった。当時採用されたヘルパーは，7週間の研修を受け「人間，老人，家族，障害，社会，ヘルパーの法律上の社会保障と義務，援助実務，疾病，看護，ファーストエイド，リフトテクニック，時間配分等」について基礎教育を受けると現場で働くことができるというものであった。ホームヘルパー数は，1980年はおよそ20,000人であったが，その後1986年にはその需要とともに26,000人へと徐々に増加していった。

1987年には施設政策を凍結し，施設ケアと在宅ケアという考え方や，身のまわりの世話や身体的ケアと看護という領域の隔たりをなくし，24時間ケアを在宅で展開していくという政策を強く打ち出した。

在宅ケアにシフトしていくことによって明らかになってきたのは，身体的なケアに加えて，認知症の症状に対応したり，病気の進行に合わせて支援の内容を変更しながら高齢者と向き合い，コミュニケーションが難しい中で自己実現を支えていく専門的なケアができる人財が必要であるということであった。それまでの在宅ケアの枠組みは「家事援助」が中心であったが，1980年代後半の在宅ケアへの転換は，これまでのケアとは異なり専門的な判断を伴ったり，それに対応していく新たな人財養成の必要性を生み出したのである。そのことが，ケアの専門職化につながっていった。24時間ケアが可能になったことにより，重度の障害があっても，身体的な障害であれば在宅で支えることができる

ようになった。結果的に認知症が進行している人で，自宅で生活が困難になった人がプライエボーリに入居することになる。そのため，プライエボーリの入居者の90％以上が認知症の症状があるといわれている。⁽⁵⁾このようななかで，ケアスタッフに求められる知識や技術も高まり，専門職としての資格とその養成方保の確立が急務となったのである。

ケア従事者資格の制度化に向けた社会保健基礎教育法の改正

① 教育体系を統一し専門職養成施設の整備に踏み切った改正

1990年に社会保健基礎教育法（Grundlæggend Social-og Sundhed suddannelser）が改正された。ここでは，教育体系を統一し，社会保健介助士（Social og Sundhedheds-hjælper：SSH）と，一部医療処置ができる社会保健介護士（Social og Sundheds-assistent：SSA）の２つの資格に統一した。それまであった准看護師やヘルパーを廃止し，専門教育の体系化に挑んだのである。そしてケアや児童（保育）に関する人財養成を行う SOSU 学校（Social-og sundhedsskolerne）を整備した。2008年には SOSU 学校は職業訓練教育（VET）制度の一部となった。現在では，SOSU 学校は，デンマーク最大の職業訓練プログラムとなっている。⁽⁶⁾

この教育改革の背景には，ケアに従事する人財を必要としているさまざまな職場にも適応していくための養成が必要であること，支援を必要とする人の重度化に伴って求められるニーズが高まり，何人ものスタッフから支援を受けられるようにする必要性が高まったことなどがある。⁽⁷⁾また，在宅サービスの領域が広がり，中・重度の障害がある人が増え，サービスの質の向上が強く要求されるようになり，それまでのホームヘルパーに対して行われていた短期教育では，ニーズに十分対応できないと考えられたことも理由であるという。⁽⁸⁾

② 実践的で労働市場のニーズに即した人財育成を目指した改正

さらに，2017年１月より，これまで行われてきた教育の枠組みを改正した。デンマークの教育は，教育科学省が管轄しているが，2017年の改正では，専門教育委員会が設置されて検討が重ねられた。専門教育委員会の構成メンバーに

は，ケア従事者の労働組合，雇用者組合の双方が加わっており，今日のケア現場において必要とされるスタッフと，そこに求められるスキルについて整理された。専門教育委員会からの最終的な報告では，ケア労働市場では，社会保健介護士（SSA）および社会保健介助士（SSH）の能力を今より高めることが求められることが示された。

　この背景には，デンマークにおける高齢化社会の到来と，医療的ケアを必要とする高齢者の増加がある。先述したとおりデンマークでは入院期間が短いため，自宅で訪問看護を受けながら療養するのが一般的である。そのため，高齢期の医療とケアは特に重視されている。一部の医療行為が許可されている社会保健介護士（SSA）については，能力向上がケアを必要とする高齢者の生活を支えていく上で重要な役割を果たすと期待されたのである。

　③　新たな教育の枠組み

　従前の教育枠組みでは，身体的ケアや家事支援を中心とした「社会保健介助士（SSH）」の課程で学んだ後に，「社会保健介護士（SSA）」の課程に進む段階的な積み上げ型の資格制度であった。しかし，2017年からの新たな教育枠組みでは，資格ごとに教育体系を独立させた。「社会保健介助士（SSH）」は，リハビリテーションの視点に立った専門的なケア，日常的なケアや生活支援をする役割と位置付けられた。「社会保健介護士（SSA）」の教育課程では，リハビリテーションや日常的なケアにおいて様々なコーディネートを行い，これまで通り医療的ケアの一部を担うことのできる専門職養成を行うこととなった。

高校資格も付与した EUX コースの創設

　デンマークの高校進学率は74%で，職業教育学校への進学が18%といわれている。高校への進学率が以前よりも高くなったことによって，教育を受ける若者の減少も懸念されたため，高校卒業と福祉系資格の両方を得られる EUX 福祉の導入に踏み切った。EUX 福祉とは，E（職業）・U（教育）・X（普通高校）のことであり，福祉分野に限っていえば，高校教育と社会保健介護士（SSA）教育を併せて行う教育のことである（**図4-1**）。一般の高等学校に行くかどう

図4-1　ケア専門職を養成する課程

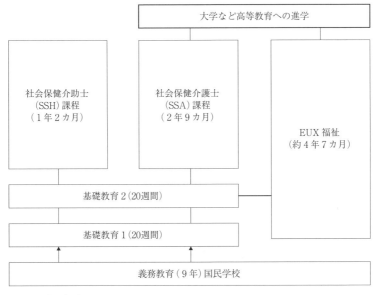

出所：筆者作成。

か迷っている学生層が入学してくることを狙っており，総じてそのような学生の学力のレベルは高い。そのため，意欲も高く，結果的にスキルも高くなっていく。一方で，高等学校の学習と社会保健介護士（SSA）のプログラムの両立の困難性が指摘されている。

　EUX福祉のコースで学ぶ学生は，SOSU学校内で高等学校の授業を受けられるわけではなく，近隣の高校で授業を受ける。当然，高校側のスケジュール通りに試験を受けることが難しかったり，時間割に沿って授業を受けることも難しい。そのため，社会保健介護士（SSA）のプログラムを調整して，高校の授業時間にギリギリ間に合わせるようなこともある。EUX福祉は，通常の高校教育に加えて職業教育をすることであって，高校教育の一部を職業教育のカリキュラムに置き換えるものではないため，学生に求められる能力が高い。

　このように高校が職業教育学校を新たに設立したことの意義は，生活を支え

ていくケアという職業に，より高度な専門性を求めていることにある。できないことを手助けするケアから，長期にわたり人生を支えていくケアが必要とされている昨今，その内容は時間の経過とともに変化している。しかし，実際には多くの課題もある。

EUX 福祉コースの課題

　SOSU 学校は全国に15か所ある。そのうちのひとつがコペンハーゲン市にある SOSU・H である。この学校では，2018年3月現在14名の生徒が EUX 福祉コースで学んでいる。14名のうち9名は，社会保健介護士（SSA）の教育を受けており，5名はペタゴー（社会教育士，社会生活指導員といわれる専門職で保育，障害分野，病院，学校などで発達や人間関係に特化した非認知領域をサポートする）の教育を受けている。2016年に20名で始まったクラスだったが，すでに6名は高校卒業を目指すことを辞め，職業教育のみに変更したという。

　SOSU 学校が直面している課題としては，EUX 福祉のプログラムに入学してくる学生が少ないことがある。社会保健介護士（SSA）コースに占める EUX 福祉コースの割合は約3％であり，全国で165〜200人程度である。学生数が少ないことは，財政面だけでなく，教育的な観点からみても学生同士の学びあいのグループダイナミックスに影響したり，豊かな学習環境の形成を阻んでいるという。また，少人数であっても担当の教員を配置しなければならないため，結果的にコストがかかっているのではないかという指摘がされている。学校によっては，EUX コースの学年別教育をやめ，全員同じ教室で授業を受けるように変更しこれらの課題に対応しながら，この事態を乗り切ろうとしているところもある。

2　SOSU 学校における専門職養成

　SOSU 学校では，専門職を養成するために，知識や技術などの学習に加えて，民主的な教育についても大事にされている。また，専門家としてのアイデンティティを形成し，専門家としての誇りを育む教育をしている。ここでは具体的に SOSU 学校に入学した後にどのように学びが進んでいくのかについて述べていく。

義務教育終了後に SOSU 学校に進む道

　デンマークでは，義務教育が終了したあとに高等学校に進学する，職業訓練校に進学する，あるいは，フォルケホイスコーレと呼ばれる国民学校に進み自分の将来について考えるといった選択肢がある。SOSU 学校は，職業訓練校という位置づけになる。この学校は職業訓練法第22条に基づいて実習と理論学習の両方の教育が含まれなければならないとされている。

　①　基礎教育 1（20週間）

　最初は，基礎教育 1 からはじまる。ここでは，デンマーク語や英語の語学学習，コミュニケーションと協力，イノベーション，福祉・健康，運動・活動，研究旅行・クラスイベントで構成された20週間のカリキュラムとなっている。

　②　基礎教育 2（20週間）

　基礎教育 2 になると，学生はどの分野で専門的に勉強をするのかを決めて，その分野について学びを深めていく。たとえば，社会保健介助士（SSH）や社会保健介護士（SSA）を目指す学生は，デンマーク語，英語といった基本的な語学の他に，科学，応急処置・消火方法，保健医療と専門職の役割，記録と情報技術，健康増進とリハビリテーション，コミュニケーションと連携，福祉技術，作業（仕事）環境，人間工学，衛生管理について20週間かけて学ぶ。

　基礎教育 2 は，オンラインによる受講も可能である。そのため，現在仕事をしながら教育を受けようとしている人や，住まいが学校から遠いために通勤に

時間がかかる人，あるいは，毎日出席する対面学習が，今の自分の生活に合っていない人にとってみると学びやすくなっている。さらに，25歳以上の人が社会保健介助士（SSH）や社会保健介護士（SSA）を目指す場合には，その人の経歴などを個別に審査し，基礎教育2を一部免除，あるいは全部免除されることがある。

　基礎教育2に入学する条件は，義務教育の卒業試験を合格していること，デンマーク語の読み書きの義務教育時の平均が2.0以上であること，9年生（または10年生）の数学の成績が平均点であること，学校側との面談を行い，教育課程を修了することができる能力があると認められるもの，と定められている。また，外国籍などによってこれらの条件を満たしてしていない者については，デンマーク語と数学のテストなどの一定のレベルの試験を合格して証明書を提出することによって，出願を認められる。

　基礎教育2はこれから学ぶメインの専門コースに関する内容が含まれており，一貫性があり有意義であると学生から評価されている。特にオンラインでの受講が可能になったことの評価は高い。学生の職業選択に直結する専門教育は，労働市場の需要に影響を受ける。そのため，学生の能力や個人的・職業的スキルに合ったコースを受けるよう教育コンサルタントがアドバイスすることもある。

社会保健介助士（SSH）のカリキュラム

　社会保健介助士（SSH）の養成期間は1年2か月である。学校での授業（座学）が17週間と，実習が44週間で構成されている（**図4-2**）。SOSU学校では，学校での学びと実習が交互にプログラムされているという特徴がある。これらの教育内容は全国で統一されている。単位ごとの試験は，口頭試問で行われ，ケースの解決を提示するような問題が出題される。カリキュラムは**表4-1**に示した。必須科目では，保健，健康医学，身体ケアの基礎，ケア技術，ケア理論，倫理，社会学，教育指導学，心理学，アクティビティ，家事援助について学ぶ。

図4-2　座学と実習が繰り返されるSSHの課程

SSH 入学 → 座学 4週間 → 実習1 25週間 → 座学 9週間 → 実習2 19週間 → 座学 4週間 → 卒業

1年2カ月（座学：17週間　実習：44週間）

出所：https://sosuh.dk/media/jrcgidku/gf-2-og-ssh-lup-optag-
january-2022-udg-jan-22.pdf. をもとに筆者作成。

表4-1　社会保健介助士（SSH）のカリキュラム

必須科目	保健，健康医学（コミュニケーション基礎，人間学を含む） 身体ケアの基礎，ケア技術，ケア理論，倫理 社会学 教育指導学，心理学 アクティビティ，家事援助
選択科目	自然科学（化学・生物学） 語学：デンマーク 語学：英語 社会ガイドニング法 高齢者ガイドニング法 国民健康と健康予測 ケア現場や職場での様々な文化の違い 精神障害

出所：https://sosuh.dk/media/v3bgn13b/temaoversigt-hf-ssh-start-aug-
19-udg-okt-19.pdf をもとに筆者作成。

　実習先は，社会保健介助士（SSH）の資格を取得した際に勤務することが想定される場所で行わる。基本的には実習1（25週間）は，プライエボーリで行われ，実習2は，ホームヘルプサービスやデイケアで行われる。実習は週37時間行われ，勤務時間は日勤時間の7:00〜15:00である。実習中に土日の実習が組まれることもあるが基本的には月〜金曜日である。

　実習は導入期・学習期・自立期の3段階で考えられている（**表4-2**）。導入期では，実習初日から14日間は，さまざま専門職の仕事を追いながら，自治体のケアサービスが提供されている高齢者と出会うこととなる。最初の数日は，見学実習が中心となるが導入期が終わる頃には，直接ケアに携わるようになる。

表4-2　社会保健介助士（SSH）実習の3つのフェーズ

	目　　的
導入期	利用者との出会い／職場のスタッフと知り合いになる／実習生のことをスタッフが知り，どのような仕事をするのか理解する／学際的なチームの機能やタスクに対してどう取り組まれているのかを理解する。
学習期	定期的なミーティングやスーパービジョンを重ねていき，スキルを向上させ，合意したタスクを実施できるようになる方法について実習指導者と合意する。 技術だけでなく，理論的な背景にも注視し課題に取り組む。社会資源と課題に対する実習生の考えを理論的な知識を用いて説明できるようにする。
自立期	一緒に仕事をするスタッフとの関係において，仕事に対する自信とルーティンを獲得できるようになる。この段階では自主的に課題に取り組むようになる。 他のスタッフとの協働において，自分自身の行動，態度，考え，感情について積極的かつオープンに話すことが期待される。

出所：https://www.frederikssund.dk/media/7af84eaf-3dd6-46db-a712-36bd1fad703e/9SZH5Q/
frederikssund.dk/Dokumenter/Kommunen/Organisation/Elever/H%C3%A5ndbog%20
for%20SSH%20elever.pdf をもとに筆者作成。

　学習期では，実習中に何をするのかについて事前に話し合い，目的などに基づいて，実習内容は計画される。実習指導者のもとでケアの技術を向上させて，あらかじめ合意したタスクがどのように実践できるのかを検討する。実習であっても，具体的な技術を学び実践するだけでなく，理論についても学ぶことが求められる。学習段階が終わると，実習の中間評価が行われる。中間評価は，実習期間が折り返しに差しかかるころに行われる。評価は，社会保健介助士（SSH）の実習全体で16項目あり，実習指導者が各項目の到達目標（表4-3）のレベルを定めて学生に提示する。さらに，実習の目的に対してどのように取り組んだのかを書き込む。中間評価の最後には，次の期間に何に取り組むかについて実習指導者と学生が話をして，次の計画書を作成する。

　自立期になると，一緒に仕事にするスタッフとの関係の中で，仕事への自信とともに日々の日課となる業務を任される。この段階では，自主的に課題に取り組むようになるが，実習指導者からのアドバイスや指導を受けながら行っていく。

　実習が始まってから14日以内に，学生と実習指導者は面談を行うことになっ

表4−3 社会保健介助士（SSH）の実習達成目標

1	専門的かつ自主的にパフォーマンスを行うことができる。パーソナルケアとプロフェッショナルケアを提供する。利用者が自分の生活を維持できるように，実践的な支援を行い，QOL（生活の質）を向上させることができる。
2	学生は，自己決定権を尊重しつつ，日常生活においてセルフケア，健康，実用的な機能が可能な限り維持されるように，リハビリテーションのプロセスに積極的に参加するよう住人を動機づけることができる。
3	健康増進と予防に努め，利用者の身体的，精神的，社会的健康の変化に適切に対応できる。
4	ライフスタイルや生活環境を考慮し，健康増進や予防に関する動機づけや支援を自ら行い，ネットワークやボランティアへのコンタクトを含め，関連する民間や自治体の情報を利用者に知らせることができる。
5	専門的な判断と早期発見のための国家衛生委員会の勧告，自治体の手続き，ガイドラインに基づいて，利用者の日常生活に関連した関連検診などの行動を自主的に開始することができる。
6	利用者の栄養状態を専門的に評価した上で，利用者の食事・栄養に着目した適切な取り組みを実施することができる。
7	利用者と共に身体的，文化的，創造的，社会的活動を自主的に評価し，利用者が自らの日常生活をマスターできるように支援することができる
8	トレーニングや実践的な支援を中心に，デジタル補助機器の使用方法を自主的に伝え，サポートすることができる。
9	実習生は，電子文書システムの使用を含め，職場のガイドラインに従って，ケア，トレーニングおよび／またはアクションプランに計画および実施されたアクションを専門的に文書化することができる。
10	市民や親族との専門的な会議を，関係する他の専門職の参加を含め，設定・開催することができる。
11	倫理的，共感的，尊重的に他者と接することができ，対人関係の構築において自身の専門的な役割を振り返り，評価することができる。
12	職場環境のガイドラインに従って，紛争を処理し，暴力を防止する方法で仕事をすることができる。
13	人間工学の原則に従って市民を自立的に移乗することができ，支援機器や関連する福祉技術を自立的に使用・維持することができる。
14	国や自治体のガイドラインに基づき，パーソナルケアのための衛生原則を適用し，感染の拡大予防に貢献し，必要に応じて市民や親族に助言することができる。
15	社会サービス法と健康法で規定されるサービスの違いや，課題を共有するための現場での実践を理解したうえで，自らの課題を計画し，実行することができる。
16	有害事象等に関する地域の品質基準に従って，自らの能力領域内で自立的に業務を遂行し，関連する同僚や学際的なパートナーと協働することができる。

出所：Praktik 1: Social- og sundhedsassistentuddannelsen（kk.dk）を筆者翻訳。

ている。そこでは，学生は文書で次のことについて用意しておくことが求められている。

① 実習と関係すると思われる前職や教育機関での経験について

② 在学中に取り組んだ課題やトピックについて

③ 実習の目的に対してどのように取り組むことができると思っているか

④ 実習に関連する実習生の個人的な状況について

　実習が終了する際にも，再度学生は実習指導者と面談をする。そこで最終評価をする。実習1が終わる際には，実習の評価を実習指導者が書き込み，そのフォーマットを次の実習2の際に持参し，次の実習の目標を立てる際などの参考にする。

　もし，定められた実習期間に習得すべきことがなされなかったり，期待されるレベルに達していない場合には，実習期間を延長することができる。

社会保健介護士（SSA）のカリキュラム

　社会保健介護士（SSA）の養成期間は，2年9か月である。社会保健介助士（SSH）との異なる点は，身体的ケアだけではなく一部の医療行為を許された専門職であること，求められる職場として医療施設があることだ。社会保健介護士（SSA）の学習は，学校での理論教育48週間，実習期間が98週間である。実習は，1〜3の3段階に分かれており，それぞれ実習1が40週間，実習2が18週間，実習3が40週間である（**表4-4**）。

　実習1の実習の総テーマは「地域医療制度における看護・健康増進・リハビリテーション」であり，高齢者ケア領域で実習する。実習2では精神障害のある方への看護・ケアについて勉強する。多くの学生がこの実習で精神科病棟を希望しており，認知症病棟やそれに替わるケア施設などでの精神科実習に対しては，学生が精神科実習とはとらえていないのだという。学校側も，学生も実習指導者も精神医学への理解を広げて精神医学が病院以外の多くの病棟や施設で必要とされているということに目を向ける必要性があるとしている。

　実習3は，医療施設での実習である。ここで想定されるのは，総合病院であ

表 4-4　社会保健介護士（SSA）の実習時間と場所

実習区分・時間	実習のテーマ	実習施設・機関		実習における学習テーマ
実習1 （40週間）	地域医療制度における看護，健康増進，リハビリテーション	1A	プライエボーリ	①利用者・患者とのコミュニケーション ②個別ケアの実践 ③リハビリテーション ④健康管理の取り組みと早期発見 ⑤健康管理のための記録 ⑥専門職間・分野横断的な活動 ⑦仕事の調整と組織化
		1B	在宅ケア	
実習2 （18週間）	精神科看護とリハビリテーション	2	精神科病院	①精神疾患のある人とのコミュニケーション ②認知症の人との上手な付き合い方 ③社会教育学と精神看護学
実習3 （40週間）	医療施設での看護とリハビリテーション	3A	在宅ケア・ケアセンター	①統合医療における患者への対応 ②観察と臨床評価 ③看護の実践 ④仕事とキャリア ⑤薬理学と医薬品管理 ⑥医療情報の記録と品質保証 ⑦コーディネーションとタスク管理（業務体制）
		3B	病院（12週間）	
		3C	在宅ケア・ケアセンター	

出所：Praktik 1: Social-og sundhedsassistentuddannelsen（kk.dk）
　　　https://uddannelse.kk.dk/sites/default/files/2021-12/Praktikkatalog2_opdateret%20
　　　FINAL-a.pdf
　　　https://uddannelse.kk.dk/sites/default/files/2021-12/Praktikkatalog3_opdateret%20
　　　FINAL-a.pdf をもとに筆者作成。

り，外科や内科などといった一般診療科である。また，実習 3 は病院以外にも在宅ケアなどで行われる。（**表 4-4**）

　実習は，FOA（労働組合）の労働協定に沿って 1 週間の労働時間は37時間と定められている。また，通常実習は日勤時間である 7 :00〜15:30で行われる。ただし，実習が進むに連れて夜間の実習と週末の実習が増加していく。実習が始まってから最初の 3 か月間は，試用期間のルールが適用される。試用評価は， 1 か月後， 2 か月後の 2 回行われる。もし，試用期間に問題があった場合には，雇用主が面接を行い，実習契約が解除される。

社会保健介護士（SSA）の役割

社会保健介護士（SSA）には３つの役割が期待されている。一つ目は身体的・精神的看護ケア，二つ目はリハビリテーション，健康増進，予防の取り組み，三つ目は，利用者・患者の継続的ケアの推進である。社会保健介護士（SSA）は，医療的ケアのできる専門職であるため，看護という側面がより強化されていることから臨床的な能力が必要とされる。

身体的・精神的看護ケアでは，（ケアの必要性を）早期発見すること，身体的・精神的疾患のある利用者・患者の看護ケアをすること，薬理学について理解していること，看護学の専門的判断ができること，緩和ケア，複合的な治療および診断がされている利用者を看護すること，スクリーニング，科学的根拠や知識に基づいてケアが行えること，ＩＴを用いてケアができること，業務の優先順位を考えて遂行できることがあげられている。

リハビリテーション，健康増進，予防の取り組みについては，利用者の周囲にある資源を活かすことや，健康増進をしながら現状よりも良い状態になるよう回復を目指す取り組みを行うこと，ライフスタイルによってもたらされる疾病の理解，コミュニケーション，保健教育，早期発見，健康増進プロジェクトを推進することが求められている。

利用者・患者の継続的ケアの推進に関しては，職種間や部門間の連携・協働，利用者のリハビリテーションに関するミーティングを開催すること，専門用語を適切に使用できること，ＩＴを活用した健康増進を図ることができること，経過が複雑な利用者に対して社会保健介護士（SSA）としての専門性を発揮できること，他の専門職に委ねる必要があることを見極め，適切な専門職へと引き継ぐこと，組織内だけでなく組織外との専門職と協働して，利用者の生活を支援すること，記録を通して同僚，外部の協力者，利用者，家族，ボランティアへの専門的な伝達をすることや社会的・文化的・ネットワークの提案をする能力が必要とされている（**表4-5**）。

社会保健介護士（SSA）のメインコースでは，高齢者分野の実習先からはじまる。以前は，病院での看護実習からはじまっていたものが改正された。この

表4-5　社会保健介護士に求められる能力要素

方　法	課題とタスク		
横断的アプローチ 専門系統的アプローチ 複雑性への理解 共同作業による創造 発展と質	身体的・精神的看護ケア	リハビリ，健康増進，予防の取り組み	利用者・患者の継続的ケアの推進
	早期発見	ネットワークや家族を含む，利用者のもつ資源を生かすようなリハビリの提供	職種間や部門間の連携・協働 リハビリに関するミーティングの開催
	身体的・精神的疾患	健康増進，ライフスタイルによってもたらされる疾病	専門用語の使用
	薬理学	回復	ITを使用した健康増進の取り組み
	看護専門的判断	コミュニケーション	経過が複雑な患者の自分の技能範囲内で職務を遂行し，限界が来たら，適切な専門職に引き継ぐ
	緩和ケア	保健教育	コーディネーション，チームによる管理，委任の規則
	複合的な治療および診断のある利用者	早期発見	組織内外の専門職との協働
	スクリーニング	健康増進プロジェクト	記録。同僚や外部の協力者，利用者，患者，家族，ボランティアへの専門的な伝達
	科学的根拠に基づくか，最低でも知識ベースに基づくケアモニターを用いるなどITによる健康増進の取り組み 業務の優先順位の設定		社会的・文化的・ネットワークの提案

出所：https://sosuh.dk/media/ehsjxhvj/ha-ndbogen-laering-i-praksis.pdf をもとに筆者作成。

背景には，初めての実習が病院から始まることで，重篤な患者に出会い，仕事に求められる専門職の技術の高さに自信なくしてしまい，あきらめてしまう学生の存在があった。そのため高齢者分野の実習からはじまり，精神科実習を経て，病院実習と進んでいくことで，自宅やプライエボーリでの身体的ケアの実際を知ってから，医療現場と段階的に経験を積み重ねていくことになり，学生たちが次の課題に挑戦しやすくなるようにした。

社会保健介護士（SSA）が担うソーシャルワーク機能

　社会保健介護士（SSA）には，2017年の改正により，新たに位置付けられた役割がある。それは，病院を退院する患者の自宅での生活やプライエボーリに入居するまでのコーディネートである。特に，高齢者の退院後の生活のコーディネートが想定されている。このようなコーディネート業務は，これまで看護師の仕事とされていたが，看護師は病院内の看護が本来の業務であるという原点に返り，それ以外の自治体管轄の在宅ケアについては，社会保健介護士（SSA）に任されることになった。

　高齢化の進むデンマーク社会においては，高齢者が複数の疾患を抱えていることも多く，複雑なニーズが重なり合うことがある。そのような中で新たにコーディネートを仕事の中核とする社会保健介護士（SSA）には，高い能力が求められるのである。具体的には，単に退院後に自宅に帰れるようにサービスを調整することではなく，高齢者自身の意見や希望を聞きながら一緒に退院後の自宅での生活を創っていくという姿勢で臨む専門職である。

　このような利用者・患者とその周囲を取り巻く環境を調整していく仕事は，ソーシャルワークの機能といわれるものであるが，デンマークの社会保健介護士（SSA）は，前述のような仕事を担っていることから鑑みれば，ソーシャルワーカーとしても機能しているということになる。また，あらかじめ看護師によってコーディネートされたサービスを提供するというサービス提供側であった従来よりも，ケアの力量のみならず，協働するための能力も備えなければならない。

社会保健介護士（SSA）の実習における達成目標

社会保健介護士（SSA）の実習では，20項目の達成目標が設定されている。つまり，この20項目は，コンピテンシーともいうことができる。(**表 4 - 6**)

社会の要請に合わせた人財養成

デンマークのケアスタッフの高度化は，プライエム建設の凍結をすることによって，在宅でケアが必要になった人たちを支えていくという政策の転換により，いっそう進んできたという経過がある。病院に入院できる期間も最小限にとどめられる中で，医療的なケアが必要な利用者も在宅で生活を継続していくことになり，日常的なケアをするスタッフに，医療的な知識だけでなく処置ができるようになることが求められたのであった。

現在，社会保健介護士（SSA）は，身体的ケアに加えて静脈注射・薬の調合・痰の吸引といった医療行為と，退院後の生活のコーディネートを職務としており，他の専門職との協働を行う中核的な人財といえる。このようなコーディネートは，高齢者ができないことを代替するケアとは異なり，幅広い知識を持ち，自らの役割を理解した上で，誰とどう協働していくのかを考えられるソーシャルワークのアプローチであり，高齢者に接近できる人財でなければ遂行することが難しい。それだけ今日のデンマークでは，長期的なケアで複雑化するニーズへの対応ができる人財確保が，急務となっている。

さらに，高校教育に職業教育を付加した「EUX 福祉」は，新たな労働力の確保として期待されている。これまでは高校教育を終えて，社会保健介護士（SSA）になるというのは想定されにくかったが，それだけこの職業の専門性も高くなってきていることを意味するのではないだろうか。また，重度化，認知症，複数の疾患を抱えながら生活する高齢者のケアにおいては，即時に判断を求められる場面や，ほかの専門職との協働は欠かせない。このようなデンマークの教育改革と資格カリキュラムの改変の取り組みは，ケアの高度化の必要性と，それが真に求められているということを表している。

表4－6　社会保健介護士（SSA）の実習達成目標

1	基本的なニーズを持つ利用者・患者に対して，看護過程を主体的に用いて，データの収集，特定，分析，計画，実行，評価などの臨床看護行為を行い，振り返ることができる。
2	早期発見のための保健委員会のスクリーニングツールやガイドラインなど，専門的かつ臨床的な評価に基づいて健康管理のための行動を計画し実行することができる。
3	利用者・患者の健康状態の変化を独自に把握し，対応することができる。不測の事態や複雑な問題が発生した場合，自己の能力領域内で看護行為を行い，緩和ケアを含む看護行為を委任することが可能である。
4	利用者・患者が主体的に，またケアスタッフと協働して自分自身の生活を営んでいくために，全人的なアプローチでリハビリテーションに取り組むことができる。
5	利用者・患者が自分自身の生活を営めるように指導し動機づけることによって，健康増進と，全人的な観点から生活習慣病の発症予防に，自立的・職業観的に取り組むことができる。
6	身体的，精神的，社会的ニーズをもつ市民に対して，リハビリテーション的アプローチに基づくケア，実践的な援助，個人的ケアを自主的に計画，実施，評価することができる。
7	身体的，社会的，文化的，創造的な活動を自主的に企画・実施し，利用者の興味やニーズに基づきネットワークやボランティアを巻き込み，利用者・患者が自ら選択できるよう支援するなど，活動の提供について情報提供・助言することができる。
8	国や自治体の衛生に関する指針や基準に基づいて，具体的なレジュメや手技を含めた感染拡大を自主的に防止し，利用者，患者，親族，同僚，ボランティアなどに指導することができる。
9	診療ガイドラインに従い，委任された後，自立して薬の取り扱い，効果・副作用の観察，文書作成ができ，利用者・患者の医療に協力することができる。
10	利用者・患者，親族，ボランティアとの間で，目的をもってコミュニケーションをとり，適切な関係性を築いて協力関係を構築することができる。
11	独立して教育活動を行い，同僚を指導することができる。
12	紛争解決や暴力防止において，自他の安全に配慮しながら，利用者や患者の誠実さや自己決定を支援するためのコミュニケーションができるようになる。
13	利用者／患者プロセス全体における患者の安全な移行と継続性をサポートし，利用者／患者のQOLを向上させるために，関連する文書化システムで専門的な行動を独立して伝達および文書化することができる。
14	自己の業務と他者の業務を主体的に調整・整理し，利用者・患者の目標を念頭に置いた課題解決のためのチームワークに参画できる。
15	利用者・患者のニーズに応じて，専門家間およびセクター間の調整を行い，協力することができる。これには，受付，入院，退院，在宅復帰に関連した社会医療サービスを独自に開始，完了，文書化することが含まれる。
16	経験や根拠に基づいた技術や指針を用いて，自立的に看護を提供できる。
17	専門家間の連携における品質保証と患者の安全に関する優れた実践の発展を支援することができる。
18	労働環境規則に則った移乗の実施や空間状況の把握，福祉技術の活用など，労働環境の整備に積極的に関わり，支援することができる。
19	守秘義務，権力の行使，患者の権利，注意義務，利用者・患者のQOLへの配慮など，医療専門家としての仕事から生じる倫理的・職業的ジレンマについて考え，十分な情報に基づいた選択をすることができるようになる。
20	関連法規および他者の能力領域に従って，登録医療専門家としての自らの業務および能力領域を計画し，説明することができる。

出所：https://uddannelse.kk.dk/sites/default/files/2021-12/Praktikkatalog1_opdateret%20
　　　FINAL-a.pdf を筆者翻訳

学生と自治体とが入学後に雇用契約をむすぶ

　基礎教育を終えた学生は，社会保健介助士（SSH）・社会保健介護士（SSA）の教育課程に入る段階で，自治体との雇用契約を結ぶ。学生から申請を受けた自治体は，当該自治体のケアの質向上に貢献できる人財であるかを検討し，認められれば自治体職員（公務員）として雇用され，自治体から給料が支払われる。

　雇用契約を結び，給料が支払われながら行う実習とは，どのようなものなのか。たとえば，プライエボーリの実習では，実習初日から実習生が担当する高齢者が３名程度決まっている。担当になった高齢者の日常生活支援のほとんどを任され責任をもってケアする。食事，入浴，排せつ介助，服薬，リハビリ，ストーマケア，胃ろう，バイタルチェック，移乗などが主なものになる。また，在宅ケアの実習では，ヘルパーとして実際に利用者宅を訪問し支援する。日勤時間中に５件程度訪問し，あらかじめ決められている提供時間内で支援しなければならない。日勤のヘルパーは，起床の支援，朝食の準備と必要があれば介助，入浴介助，シーツ交換や部屋の掃除をする。加えて，訪問した高齢者の家庭医への連絡や受診の予約なども日勤者が行う。これらは，実習生もこれらの業務を１人で訪問して行うのである。このことが，デンマークの教育において学生という身分でありながら自治体と契約をして給料が支払われるということの意味であるといえる。

　社会保健介護士（SSA）の学生にそれぞれ支払われる給料は，雇用契約を結んだ自治体によって多少の差があるが，フレデリクスンド（Frederikssund）の場合には2022年４月時点で，社会保健介護士（SSA）のプログラムが始まってから12か月目までは，月額13,609DKK（約258,787円）で，13か月目からは15,541DKK（約295,526円）である。また，学生の年齢が25歳以上の場合には月額22,143DKK（約421,005円）が支払われる。なお，この雇用契約と給与に関することは，FOA（労働組合）の定めによる。

国家教育支援制度（SU）を利用する

SU（Statens Uddannelsesstøtte）は，国が教育支援をする制度のことである。デンマークでは，学生が教育を受けている機関に経済的な支援を受けることができる仕組みがある。2022年は月額944DKK（約17,948円）が支給される。大学生だけでなく職業教育学校に進学した学生も対象になっており，最大で5年（修学年限に応じて）受け取ることができる。SUは返済不要であり，学生が学業に専念できるように設けられたと言われている。

労働市場のニーズと養成された専門職のマッチング

実習に多くの時間をかける教育課程と，自治体から給与が支払われるという中で行われる人財養成は，果たして労働市場が求める人財とあっているのだろうか。採用担当者に行ったアンケート調査によれば，労働市場のニーズに見合った能力と専門的なレベルを評価しているという。これは，精神科病棟や総合病院よりも，精神障害のある人のデイケア施設などにおいて特に高く評価されている。さらには，多様な患者や利用者に対する対応の仕方，親族との会話といった人間関係の形成やコミュニケーション能力も求められている。

入院期間が大幅に短縮されているデンマークの医療施設では，在宅ケアやプライエボーリなどの地域で働く，社会保健介護士（SSA）・社会保健介助士（SSH）に対して，より高い能力を求められるようになってきている。これは，実習での学びの中でもプライマリーケアを意識した学びが入っていることからもわかる。

自治体の採用担当者は，今後求められる人財として身体的なケア・看護に加えて，幸福と健康を推進するための「健康推進者」の役割を一定程度や担うようになる，また，看護記録など，情報を収集し整理して文書化することに関するニーズも高まってきていると幅広い活躍を期待している。

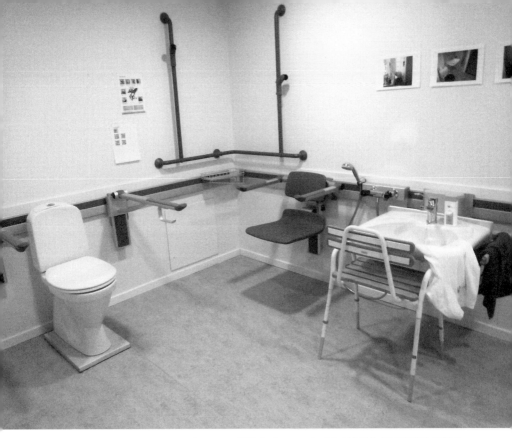

▷ SOSU 学校のバスルームでの介助動作の技術を学ぶ部屋

3 アクティブラーニングによる実践的学び

　SOSU 学校には，一般的な教室のほかにさまざまな学び方に対応できるような施設が用意されている。たとえば，実習室には，病院の病室と同じ様式で作られている部屋や，デンマークの一般的なプライエボーリの居室，あるいは自宅をイメージし，シャワールームとトイレ（バスルーム）が完備してある。もちろん移乗の練習ができるように，天井リフトも設置されている。移乗や移動の導線も意識しながら学ぶことができ，実際に実践場面を想定した練習ができる。天井リフトは，バスルームにも標準装備として完備されているため，学内の練習でも，リフトを使用して練習する。

実習がはじまるまでに，あらかじめ実習先で使用されていると思われる様々な福祉機器の使用訓練を受ける。福祉機器は，自治体や実際に開発に携わる企業からの提供を受けて新たに開発され実際に使われている機器で練習をする。SOSU 学校ではプライエボーリなどで，まだ一般的に普及していないシャワートイレも，学生が最新の機器でどのようなケアが可能になるのかを学ぶために備えてある。

　授業では，シミュレーションをしながら学びを深めていく。SOSU 学校では，20分間「準備」を行い，これから行うことについて理解する。次に10〜20分間，実践してみる。最後に，20〜40分間今行った実践を「振り返り」を行う。このような学習は，3〜5人で構成されるグループで行われる。

　社会保健介護士（SSA）の学生の場合には，特定の医療行為について人形（マネキン）を用いて行うこともある。何度も繰り返し技術が身につくまで練習し，同じような症状を設定しそれにどのように対応するのかを覚えていく。この繰り返しで，学習意欲も高まる。

　また，実習までに市民ポータル（Borger.dk）の使い方も理解しておく必要がある。市民ポータルとは，行政のほとんどのサービスへの申請などが行えるウェブサイトのことである。デンマークでは，2007年からデジタル化をより進展させ，行政からの紙面での通知もなくなり，デジタル BOX といわれる電子私書箱にお知らせが届くようになった。また，住宅・子ども・年金などの暮らしを支えるほとんどが，市民ポータルを通じて行われるようになっただけでなく，診療予約，診療記録の確認，担当医ともメールでやり取りが可能となったのである。つまり，社会保健介助士（SSH）や社会保健介護士（SSA）を目指す学生は，市民ポータルの使い方を理解し，必要があれば高齢者をサポートしたり，高齢者に代わってそれらの手続きをすることもあるため，基本的な知識として知っていなければならない。

▷SOSU 学校の高齢者の自宅リビングを想定した実習室

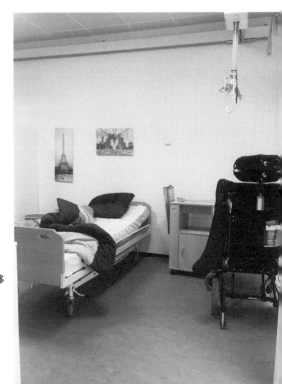

▷SOSU 学校のベッドから車いすへの移
　動のためのリフト。完備されている

4 ケア従事者養成における総合的な事例学習の実際

事　例

　座学で行われる学習の中でも基礎教育2を修了した後に，以下のような事例を提示し総合的に学んでいく。この事例で学ぶ大きなテーマは，「生活能力の回復と活動」である。ここでは社会保健介護士（SSA）の学生に対する学習課題として行われる事例とその展開に応じて出題される課題についてみていく。

【事例】　ポールとマリーは，夫婦でともに80歳である。今年で結婚58年目を迎えた。現在は，3LDKの広さのあるアパートの2階に住んでいる。2人の子どもがおり，娘のヘレンは50歳でSSHをしている。ヘレンは週1回，両親を訪ねてくる。息子のケビンは，55歳で妻と2人の子どもと近所に住んでいるが，両親のところに訪ねてくることはあまりない。ポールとマリーが息子家族に会うのは，祝日か，家族の誰かの誕生日の時だけで，そのことについてマリーは「若い人たちは忙しいからね」とため息をついている。

　マリーは，158cm，45kgの小柄な女性である。いつも家の中はきちんと片付いており，清潔に保つようにしてきた。家族の食事は，いつも定時に用意されて，規則正しい生活であった。手芸が得意で，子どもや孫たちに靴下や刺繍をしたクッション，手作りのクリスマスのオーナメントをプレゼントしてきた。

　一家の主は，ポールである。金銭管理はポールがしており，家事のすべてはマリーが行ってきた。マリーの得意料理は肉とジャガイモにブラウンソースをかけた（注：非常に重い）デンマーク料理で，ポールはそれを喜んで食べた。マリーは，毎日ポールがその日着る服を用意し，朝食を作り，寝室のポールに持って行った。ポールは，「妻がいなくなったら，俺には何もできないよ」とよく言っていた。

　ポールは，身長165cm，体重94kgであり，大柄な男性である。マリーの歩行困難が増すにつれて，自治体から家事支援のヘルパーを派遣してもらうことになった。夫婦は，それまでホームヘルプサービスを一切受けずに生活してきた。

学生がこのケースをもとに取り組む9つの課題

　ポールとマリーの事例をもとに9つの課題（下記①〜⑨）が設定されている。

　①　初日は，ポールとマリーのケースを読んで夫婦の関係性や暮らし方など
を理解するという課題である。そのために，ポールとマリーの身体的，精神
的，社会的能力について考えることや，この夫婦が抱えている課題を明らかに
することが求められる。2つ目は，社会保健介護士（SSA）として仕事をする
上で守らなければならない法律に関することである。さらに社会保健介護士
（SSA）という資格をもった専門職が権威を持つとはどういうことなのか，権
威にはどのような責任と義務が発生するのかについて考える課題となってい
る。ケースのアセスメントと法律を同時に学べるように課題が作られているの
が特徴である。

　②　次の日には，社会保健介護士（SSA）が仕事をするうえでその意味を正
確に理解し，職務遂行をすることに必要とされる12の用語について，その概念
と意味を調べて記述するという課題がある。さらに自分の住む自治体のホーム
ページを閲覧し，自治体の「品質の基準」について調べる。そのうえで，自分
の住む自治体のサービス基準についてどのように思うのか，それは他の自治体
との差はあるのか，他の学生と討議する。自治体によってサービス基準に差が
生じているならば，そのことについてあなたはどう思うのか。事例に登場した
ポールとマリーには，どのような支援がされると思うのかについて調べていく。

　③　学習を進めていくと，ケア専門職として知っておくべき言葉の概念と意
味について調べる課題，ポールとマリーが実際にどのようなサービスを受ける
ことができるのかについて，学生自身が居住している自治体を例としてホーム
ページで調べる課題が出される。

　④　別の日には，アセスメントの内容が少し深まり，ポールが考えているこ
とが聞けた。

　あなたは，これまでの観察でポールが太ってきたことに気がついた。ポールと
マリーと話をする中で，彼らの食事の内容についてわかった。食事は伝統的なデ

ンマーク料理で，野菜が少なく，脂肪分の多いソースであった。ポールは，体重を落としたいと打ち明けてきた。外を散歩すると時々息切れがするのだという。

　この内容から，(1)あなたは，マリーとポールのために，健康と予防に関する知識をどのように利用できるか，(2)ポールに対して社会保健介護士（SSA）としてのあなたの役割は何か，(3)ポールの体重がこのまま維持されたままだと，どのようなことが起きるか，(4)ポールが減量する動機付けをどのようにすればよいか，(5)あなたは，ポールと一緒にどのように彼の減量のゴールを定めることができるか，(6)ポールが減量するプロセスのなかで，自己決定ができるようにあなたはどのようにできるか，といったことが課題となる。学生は，これらの課題にアイディアを出していくが，そこでは「どうして，そのようなアプローチをするのか」という理由も併せて考えていく。

　⑤　さらに話は展開していく。

　　SSA がポールとマリーのところに訪問すると，たびたびマリーから「スタッフが部屋の隅まで掃除しない」などといった苦情を聞くようになった。マリーは，自分で家事をしたいと強く思っていることを話してくれた。これまでは，何の問題もなく家事をやってきたのに，外部の知らない人間が自分の家の中を片付けることをとても嫌がっている様子である。

　このような状況が見えてきたとき，マリーの言動から専門職として何を考えるべきなのか。課題は，(1)マリーは，何を必要としているのだろうか，(2)マリーが，再び自立できるようにために，どのような支援をしていけばよいのだろうか，の２点である。言動から読み取る，察する，感じるということ，そしてニーズにどのように対応することができるのかを考えていく課題である。

　⑥　さらに，場面は展開する。

　　あなたは，ポールとマリーの自宅にいるときに，突然台所の方でドタッという大きな物音を聞いた。マリーがドアの仕切りにつまづいて転倒したのである。彼

女の右腕は変な方向に向いていて，激痛を訴えている。

　突然の出来事に専門職は，どのように対応したらよいのかについて学習する課題である。⑴「不慮の出来事」とはどういうことか，⑵不慮の出来事が起きた際には，どのように報告することが必要か，⑶保健庁のホームページにある「患者の安全」を閲覧し，掲載されている「不慮の出来事」の事例を読む，⑷マリーが倒れたのを見たときに，あなたはどうするか，⑸自分の専門を越えて協力していかなければならい時に，よい連携がなされるようにあなたはどのような努力ができるか，⑹マリーが入院した時に観察しなければならないことについて書きだし説明する。

　ここで学ぶのは，自分の専門であることと，それ以外のことを明確にして誰に助けを求めることが必要であるのか，その連携のために自分は何をしなければないのかという緊急時の対応について学ぶだけでなく，急に入院することになったマリーの心理的な側面にも注視することである。

　⑦　マリーは治療を終えて自宅に帰ることになる。

　マリーは退院することになった。あなたは，10時に病院を退院してくるマリーを自宅で迎えることになっている。マリーの腕は，肘までギプスで固定されていて，腕を支えるために三角巾をしている。入院中にマリーは1日3回の鎮痛剤を処方されており服用している。食欲がなく入院中に2kg痩せている。退院時には，立案したリハビリ計画をもらって帰宅している。

　⑴退院時における社会保健介護士（SSA）の役割としてあなたがしなければならないことは何か，⑵「QOL（生活の質）」に関するSiri Næss理論と「QOL」の意味に関するMadis Kajandisを説明する，⑶マリー退院によって，2人の環境がどのようにQOLに影響するか，⑷マリーの体重が減ったことについて，社会保健介護士（SSA）としてのあなたの課題は何か，⑸あなたは，マリーと一緒に食事計画を立てる課題を受けたか，⑹マリーの薬が変わったことによるあなたの課題は何か，⑺あなたはマリーを日中だけ訪問する。マリーの

投薬に関してあなたができることは何か，(8)リハビリテーションに関して，他の職種との協力においてあなたの役割は何か，という8つの項目についてここでは考える。今の状況を理解し，優先されるケアと誰に何を依頼し協働することが必要なのかについて総合的に考えていく。

> あなたは，マリーとポールの家庭状況をリーダーに相談した。リーダーは，マリーとポールと一緒に活動の分析をしてみたらどうかと提案した。マリーは，また以前のように足がしっかりして，家事の手伝いをもっとしたいと希望している。彼女は買い物に行きたいというものの，歩行が以前よりも不安定になっているため，出かける勇気が出ない。ポールも外に出て，友人に会いたいと希望している。

マリーとポールの話しから夫婦それぞれの思いがわかってきたところで，自己実現のために，2人の身体状況と活動の状況について分析する。まず，分析をするとはどういうことか説明する，マリーとポールの希望していることを挙げる，また2人にはそれぞれどのような課題があるかをまとめ，クラスメイトの前で2人に提案できる「活動」について考える。

⑧　具体的にどのような活動をマリーとポールに提案できるかをプレゼンテーションするために次のことを考える。(1)活動するにあたり考慮しなければならないこと，(2)マリーとポールが活動から得られること（a. 精神的，心理的，社会的側面，b. 彼らの QOL について，c. 健康増進の観点から），(3)活動の評価（マリーとポールに適しているかどうか）。

> 栄養素などを参考にして，必要性，希望，QOL を考えながらこの夫婦に対して1食分の調理をする。

(1)各グループに食材費として150DKK を一律に支給される，(2)実際に買い物行き，食材を買い，封筒にお釣りを入れ封をしてレシートを添えた計算書を書きマリーとポールに報告をする，(3)調理した料理を見せて，なぜその料理を選択したのか理由を説明する。その際に摂取する栄養素についての検討がされ

ていることが大切である，⑷クラスメイトと一緒に味見をして，それぞれの感じたことや質問などをする，⑸フィードバックする。

　ホームヘルパーとして働く場合には，これら一連の業務を一人のケアスタッフが担うことになる。買い物から調理までを行う事によって，食事支援に必要とされることを体系的に学ぶことができる。

　⑨　マリーとポールへの活動についてクラスメイトの前でプレゼンテーションする。

> 　マリーの台所は散らかっていて，食べ物の焦げた匂いがよくするようになることに気付く。現在，マリーが調理をすることができないため，ポールが替わって調理をしていることは知っている。ポールは「このような仕事（家事）は，女性のすることで男性のすることでないから難しい」と愚痴をこぼしている。

　⑴自分の言葉で「アイデンティティ」とは何かについて説明する，⑵アントノフスキー（Antonovsky, A.）の首尾一貫理論を理解し，自分の言葉で説明する，⑶ポールが新しい役割をマスターし，首尾一貫性を理解して意義ある生活を送るには，あなたは何をしたらよいか。また，現在のマリーとポールの状態で生活の満足度を感じるためにどのようにしたらよいか，⑷自己ケアとは何か簡単に説明する，あなたは社会保健介護士（SSA）としてどのようにポールにアドバイスすることができるか。

　このように，ひとつの事例を継続して支援するとは，身体的な老化が進み，ケア量が増えていくことに対してどうアセスメントしていくのか。夫婦が互いに相手のために，よかれと思いしていることが，負担になっていたり考え方が異なるなど，すれ違いが起こる。在宅ケアでは，数年にわたりケアをしていくため，その時々の状況に対して，社会保健介護士（SSA）がどのようにアプローチしていくのかが大切となり，この学びでは過程を理解することにつながる。

　また，法律を調べること，自治体のホームページを見て調べること，学習してきた知識を用いて対応を考えたり，専門職としての課題を考えるなど，さま

ざまな角度からケア実践を総合的に学ぶのが事例学習の特徴である。

5 ケア従事者養成におけるドラマ教育の実際

ドラマ教育とは何か

ドラマ教育とは，演じること自体に学びがあること，そしてその過程を重視した活動を意味する。ドラマを教育的に活用する場合に，上演することが最終目的となる演劇活動もあるが，デンマークにおける福祉教育，とりわけケア従事者教育においては，ドラマを通して支援者の視点や高齢者の視点に立って考える機会が重要とされるため，ここでは，ドラマを通して学ぶということを意味する言葉としてドラマ教育をとらえる。

ローゼンバーク（Rosesnberg, H.）は，ドラマを次のようにとらえている。①教育的な目的を掲げている活動で，治療的な目的でもなく，したがってセラピーでもない。②演劇の要素は用いるものの，それとは根本的に異っている部分がある。それは，上演することを最終的な目的にすることはなく，過程が重要視されることである。③ドラマ教育には，明確な教育目標が掲げられる。そして，構造化された学習活動であることから，一定の活動時間内で行われる。また，教員やファシリテーターなどが存在する。お互いにドラマを見せあいながら，評価したり学習する。

ドラマ教育の目標と事例の作成

学生たちは，各自が実習で経験した事例についてお互いに共有し，その中で対応に困ったことや，学んだことなどを話し合う。例として，次にあげるものは，学生が作成した事例の概要である。この事例は，数名の学生がプライセンターや，ホームヘルプの実習に行った際に出会った高齢者，印象深かった高齢者，ケアをした時のエピソードなどをもとにさまざまな局面を織り交ぜて作成したものである。この際，教員からテーマが与えられる。

今回のテーマは，「個を中心としたケア（パーソン・センタード・ケア）と投

表4-7　ドラマ内での評価項目

1．どのようにパーソン・センタード・ケア（Tom Kitwood理論）を実践しているのか
2．どのように学生の薬学知識が実践で活かされているのか
3．どのように住人を理解しながらコミュニケーションをとるか
4．どのように住人を動機づけて，ストレングスにアプローチしているか
5．どのように住人の尊厳を意識した援助をしているか
6．どのように同僚及び多職種と協力しながら仕事をしているか
7．どのように自分自身及び住人の衛生状態を守りながら援助しているか
8．どのように人間工学を利用しケア（体勢・姿勢など）しているか

薬管理」であった。学生には，2つの動画を作成することが求められるが，具体的には，①住人へのケアの実践場面を描いたもの（最長7分），②振り返りの動画（最長10分）が課された。この学習の目標は，住人の居室で1対1の援助場面の中で複雑なケアができること，現行の法律及び勤務先の規則と方法に従って，1人で住人への投薬と薬の管理ができるようになることである。

　1つ目のドラマを作成する際に，専門職としての評価項目は，**表4-7**のとおりである。

【事例】　ギッテ（女性：84歳）は中度のアルツハイマー症を患っており，現在プライセンターに入居している。同じことを何度も繰り返し言ったり，聞いてくることがある。夫とは死別しており，2か月前に入居した。歩行は，歩行器を利用している。彼女は，プライセンターに入居してからも，以前からの趣味であるレース編みをするのが好きで，リビングで編み物をしている。また，食事の準備の時間になると，喜んでスタッフの手伝いをする。

　入居して以来，身体的ケアをスタッフにさせてくれず拒否することが続いている。スタッフが身体的ケアをしようとすると，もう身体を洗ってもらったとか，シャワーを浴びたという。スタッフが「シャワーを浴びましょう」と声をかけると，彼女の感情を害してしまい怒りだすこともある。ギッテは，お気に入りのピンクのセーターを毎日着ており，近づくと尿の匂いがすることをスタッフは気づいている。

表4-8　ドラマの場面設定

	場面の概要	活用する理論
場面1	朝8時。プライセンターのスタッフが会議を持っている。社会保健介護士（SSA）の実習生エリカがギッテの担当になり，ギッテが身体ケアを拒否することについて相談している。他のスタッフがギッテを担当した時の経験や衛生問題に関してどのようにやっているかなどを説明する。	異なる職種との情報共有や同職種間の協力
場面2	スタッフの一人が自分たち（実習生）と同じような状況の時の経験を話してくれて，ケアの方法の提案をしてくれる。	トム・キットウッド（Tom Kitwood）理論の個人中心のケアの実践
場面3	エリカがギッテの個室に入る。	住人への接触。声のかけ方
場面4	エリカはギッテにケアすることを声かけし，ギッテはそれに従う。	動機付け
場面5	エリカはギッテと一緒にリビングに移動し，朝食をギッテに出す。	トム・キットウッド理論の個人中心のケアの実践
場面6	エリカは指導者に報告をして，ギッテの朝の投薬についてたずねる。	記録をつける
場面7	マリー（実習指導者）は，エリカにプライセンターの投薬管理と取り扱い規則について説明後，エリカに服薬介助を許可する。エリカは，ギッテに薬の説明をして，服薬を促す。	保健庁の薬の取り扱いに関する規則のパンフレット 説明責任とコミュニケーション
場面8	ギッテが薬を飲む。	観察

出所：筆者がSOSU学校で入手した資料を翻訳。

場面設定を行う

　この事例では，学生たちは8つの場面を設定（**表4-8**）し，そこで活用する理論などについて事前にポイントを書き出している。

　場面1では，プライセンターのスタッフミーティングの場面を描いている。先輩スタッフに身体的ケアを拒否する住人のギッテについて相談する場面である。ここでは，実習生が異なる職種に情報共有することや同職種間の協力が大事であることを記している。

　場面2は，同職種の先輩から，身体的ケアを拒否するケースにどのような対応をした経験があるのかを聞くという場面を設定し，ケアの方法の提案を受け

る。ここでは，トム・キットウッド（Tom Kitwood）理論（日本では，パーソン・センタード・ケアとよばれている）の個人を中心としたケア実践の展開をすることが強調されている。

　場面3になると，実習生のエリカがギッテの個室に入る場面となる。ここでは，声のかけ方や住人との対面方法などが大切な確認ポイントとなる。

　場面4では，実習生エリカが，ギッテの身体的ケアをするための声かけをする。ギッテはそれに従う。なぜ，身体的ケアを受けることが必要なのかを納得してもらえるような声かけをすることが求められる。そのため，動機づけが重要となる。

　場面5では，実習生エリカが，自室のリビングにギッテと移動して，朝食を食べてもらう場面である。ここでもトム・キットウッド理論を用いている。

　場面6は，実習生エリカがギッテのケアについて報告し，投薬についてスタッフに質問する。ここでは，投薬について教えてもらう場面を描く。

　場面7では，エリカの実習指導者であるマリーから具体的な薬の取り扱いについて説明を受ける。その後，実習指導者マリーは，エリカに配薬することと，服薬の介助をすることを許可する。エリカは，ギッテに薬の説明をして服薬するように促す。ここでは，投薬や配薬に関する際の規則や手順について確認することや住人への説明責任について確認する。

　場面8は，ギッテが服薬する場面である。ここでは，きちんと服薬できたかどうかの観察が社会保健介護士（SSA）には欠かせない。

ドラマ学習の時間とスケジュール

　1日目：実習から事例を思い出して，書きだし，シーンを選ぶ。1日目の最後には決定すること。どの課題を優先するか，誰が分担するかグループで決めて，ドラマの計画を行う。

　2日目：選んだシーンの演技と撮影をして，動画の編集をする。

　3日目：午前は，自分のグループ内で4段階の報告をする。その過程を動画に撮る。午後からクラス内発表。動画の紹介及び内容の報告，ディスカッション。

配役を決めてあらすじを決める

登場人物の経歴や特徴について決める。たとえば，1人目は，実習生エリカ役だ。20歳になる社会保健介護士（SSA）を目指す学生である。エリカはこの場面となるプライセンターで3か月の実習している。

2人目は，社会保健介護士（SSA）マリー役である。30歳のマリーは，プライセンターで5年間仕事をしてきて，今エリカの実習指導者となっている。

3人目は，住人のギッテ役である。ギッテは，認知症の症状がある。先ほど起きたばかりで，不快であり，今自分がどこにいるか分からない状態である。4人目は，カメラマン（スマートフォンの動画機能を使用する），5人目は監督（役者の演出）である。これ以上のメンバーがいる場合には，同僚や他の住人役，または観察者役をつくることもある。観察役は，他の役者から見えないところで役者全員のセリフや動き方などをみて，気が付いたこと，質問などをメモする。そして，どのようにそれぞれの役が先に述べた場面1〜8を実践するかについて注意深く観察する。

ここでドラマ教育の上で大事なことは，住人役となった人は，自分がどのような言動をしようと思っているのかを他のメンバーに相談したり，事前に話したりしてはならないということだ。住人の反応や行動に合わせて専門職がどのように即座に対応するのかが学びとして重要だからである。

撮影し編集する

カメラマンが中心となり，撮影する。立ち位置や角度（カメラにきちんと映るように）を指示することはあるが，即興で演じているためセリフなどのチェックは行わない。撮った動画は，指定された時間内に収まるように最終的には全員で確認して編集する。

ディブリーフィング（グループ内のメンバーで振り返る）

グループ全員で撮ったドラマをみるところから始める。ドラマを見ている自分たちを動画に撮りながら，出演者および観察者は，全員が自由に演じたこと

資料4-1　ドラマのグリーフィング

E：私達が事例を書いた時に忘れた重要な問題提起は，薬に関してだったの。

S2：薬を飲むのを拒んでいたギッテに投薬するのがどんなに難しかったかという事に焦点を当ててなかったと思うわ。その問題はさっと通り過ぎて，薬そのものに焦点をあてた気がするわ。

M：そして薬の取り扱いにね。

M：ギッテがすんなりと薬を飲んだので，本当の問題点から焦点が外れたんじゃない？薬の効用を説明したら，ギッテが素直に薬を飲んだ。私はこの場面は焦点をあてる事柄ではなくて，ただの動画の一端になった気がするわ。

S2：そう言われればそうね。

S3：ギッテ役はもっと薬を飲むのをごねるべきだったと思うわ。

S2：私もそう思うわ。

M：その他はとても良かったと思うわ。

G：だけど，もし問題点が難しかったら，どういう風にしたら良かったと思う？

S2：今回は演出なしでやったわけで，即興で演じたので，次に動画を作る時はやはり演出をした方が良いと思うわ。

M：もしギッテが薬を飲むのを拒んだら，どうしたら良かった？

M：エリカがギッテを動機付けたように一生懸命するしかないわよね。それか一度部屋の外へ行って，少し待ってまた部屋に入ったら，ギッテは気持ちが変わったかもしれないし。

S3：それか誰か部屋に入った他のスタッフに聞くとか。

S2：薬に関してギッテのこだわりを知っているスタッフに聞くとか。

M：というのは，エリカはギッテの担当になって間もないようだし，最初にギッテのケアの仕方を聞いてきたし，だから薬に関してもアドバイスをもらっても良いでしょう。とにかくギッテが薬を飲むようになるように動機付けることよ。もしあらゆることをしてみて，薬を飲まないようだったら，強制するようになるわよ。

M：私がモルヒネの棚を開けたのも間違い。もし棚に鍵がかかっていたら，開けてはいけないし。

E：鍵がささってたし，中に何も置いてなかったので開けたのよ。普通はこんな事はしないよね。安全対策の為に鍵を持っているのは看護師だけだから。

E：エリカ　　M：マリア　　G：ギッテ　　S1～3：観察者・監督

によって感じたことを語る。また，どのようなところが課題だったのかのかについても議論する。さらに，場面1～8の援助者としての視点についてどのくらいできたのか，どのように遂行しようとしたのか説明も加える。次にこのような事例を担当することになった時には，どのように実践できるだろうかということについても話す。

資料4-1では，実際にこのドラマの制作した際に学生たちがディフリーフィングした時の語りについてその一部を紹介する。

クラス内で上演しディスカッションを行う

各グループのドラマを見ながら全体でディスカッションし，学びを深める。学生のドラマの内容に関して，クラス内からいくつかの指摘があった。一つ目は，服薬をする際に「お水を持ってきますね」と実習生がギッテに声をかける場面である。「ここにコーヒーがあるからこれで飲むわ」と返答したギッテに対して，「そう。わかったわ」と認めてしまったことだ。薬をコーヒーで飲むことはよくないが，「どうしてそうしたのか」という問いだった。

二つ目は，戦争に関する新聞記事をギッテが読んでいる時に「こういうのは嫌だよ。心が辛くなる」と思いを吐露した場面だ。「そんなのは見なくてもいいのよ。もっと明るい話題を見ましょう」と実習生が話を切り替えた。しかし，その方法がギッテの辛さを受容していなかったのではないかというものだった。

このように，同じクラスの中でいろいろな角度からの指摘があることによって，様々な見方ができるとともに何がこの場面で最良であったのか自問しつづけることになる。

ドラマ教育によって得られるもの

ドラマ教育は，これまでの座学での知識と具体的なケア実践方法の技術，そして住人に対する尊厳を持った態度でケアに臨む姿勢といった根底の価値が混ざり合って一人ひとりの学生の表現となる。したがって，学生たちの実習で出会ったリアルな事例ではないが，あらかじめ設定された，高齢者のケアをする場面を演じて動画に撮るというシンプルな構成であっても，如実に良い部分や改善が必要な個所があらわれるのである。さらに，客観的にグループで撮ったドラマを観ることによって専門職としての立ち振る舞いを振り返ることができる。つまり，社会保健介護士（SSA）になるための総合力を培う一部分をドラ

マ教育が，担っているともいえる。

6　SOSU 学校の運営と課題

教員組織

SOSU 学校の教員は，全員基礎的な職業訓練や複数の教育分野の専門的な訓練を受けている。また，教育学学士と同等の能力を有したもので構成されている。SOSU 学校では，教育能力を維持するために必要な専門的・教育的知識を常に更新していく必要がある。

消防（消火訓練）や応急手当に関する講義・演習については，これらに特化した訓練を受けたインストラクターが行っている。

設　備

SOSU 学校によって多少異なるが，SOSU・H を例にすれば以下のような設備が教育環境として整っている。
・教室（ラーニング・ラボ，プラクティス・ラボ，デジラボ，理科室など）
・グループワーク室，１対１のワークステーション，SMART ボードを備えた教室
・図書館
・UNI ログインによる電子資料へのアクセス
・心理カウンセリング
・特別な教育的指導・個別指導
・メンタリングネットワーク

人財不足と対応

デンマークでは，2023年には80歳以上の高齢者が約475,000人になると言われている。一方で2030年までに高齢者ケアに従事する社会保健介助士（SSH）・社会保健介護士（SSA）が8,000人減少すると言われている。そのことによ

り，ケア従事者全体で90,000人から82,000人になると多くの未熟練労働者が高齢者ケアの領域に入ることになる。当然，訓練されていないスタッフがケアするようになれば，プライエボーリのケアの質は低下することが懸念されている。在宅サービスでは，2019年には一人当たり週3.6時間のホームヘルプサービスが提供されていたが，このままだと，2035年には週1.9時間まで低下すると分析されている。今後15年以内に在宅ケアの時間数を半減させないためにはSOSU学校に多くの学生を集めること，入学した学生が確実に各現場で働き，量・質ともに低下しないような対策が急がれる。

　このような人財不足は，職業訓練学校全体で起こっており，デンマークは，これらのことに対応すべく，「実習生の増加と責任の明確化に関する三者間合意」を掲げた。

　2020年5月28日「学生や実習生，また企業に対する特別な支援に関する三者合意」の5つ目の柱には，"社会・健康教育を含む福祉・サービス訓練への採用増と学生の定着強化を確保するのに役立つ取り組みを実施しなければならず，実習生の課題に対する長期的な解決策を見出さなければならない"と記された。

　そこで，政府，KL，Danske Regioner，FHの4者は，以下の内容に合意した。

　①　2021年7月1日より，自治体は25歳以上の社会保健介助士（SSH）・社会保健介護（SSA）の受講生を，基礎教育2から募集できるようにする。これにより，25歳以上の成人学習者が基礎教育中に給与を受け取ることができるようになる。この公約は，プログラムの入学条件を満たし，SOSUの学校に在籍している学生のみに適用される。

　②　自治体には，基礎教育の後半を含め，学生の在学期間中の給与が雇用者訓練拠出金によって償還されるようになる。学生たちは引き続き，現行の入学条件を満たす必要がある。自治体は，雇用している学生の基礎教育での欠席情報を入手できるようにする。

　③　現在の経過措置の要件に基づき，SOSU学校，FEVU専門委員会，児童

教育省の間で，社会保健介護士（SSA）向けの基礎教育２の教育の質について
学校と学生の理解，雇用側の学生に対する具体的な期待について，継続的に調
整する予定である。また，社会保健介護士（SSA）養成の基礎教育の学生とし
て採用され，その後，関連資格取得のための本コースに進む学生の数が不適切
に増加しないよう，セーフガード（安全装置）を設けることも検討される予定
である。

　④　このため，2024年に公約の個別評価を実施し，特に活動の大幅な増加に
つながったかどうかを評価する。また，SOSU 学校の社会保健介護士（SSA）
学生数の推移を注意深く観察し，活動が期待されるレベルを著しく超える場合
には，協定の当事者間で変更の必要性を協議する。

　⑤　現在，社会保健介護士（SSA）の多くの学生は，夏休みの直前，または
夏休みまでの数か月間に基礎コースを修了している。現在，すべての主要プロ
グラムは学校期間中に始まるため，夏休みまでの間に基本プログラムを修了す
る学生にとっては，比較的長い休みになる可能性がある。また，他の時期に基
礎教育を修了する場合，経過措置の問題が発生することがある。2021年，子ど
も・教育省は SOSU 学校と協力し，社会保健介護士（SSA）養成の基礎課程か
ら本コースへの移行を中心に，学校での実際の実施状況について調査する。こ
の調査をもとに，FEVU（職業福祉教育合同委員会）は子ども・教育省およびデ
ンマーク SOSU 学校と協力し，学生向けのまとまったコースの必要性がある
かどうかを評価する。

　⑥　基礎教育と本コースの移行期間の変更が実施される可能性があるまで
（遅くとも2024年まで），移行期間に関連して発生する給与を自治体が一時的に
補償する。報酬は AUB（雇用者教育拠出金）が管理・支払う。国家補助の側面
からの補償を明確にする必要がある。

　⑦　実習における課題を長期的に解決するため，自治体や地域が設置を義務
づけられている社会保健介護士（SSA）・社会保健介助士（SSH）の実習生数の
最低基準値を設定する予定である。2021年５月末までに FOA（労働組合），KL
（自治体協会），Danske Regioner（地域），政府の間で締結される合意により，

５年間の最低基準値が設定される。社会保健介護士（SSA）実習の最低基準値に関する議論では，自治体や地域間の需要の変化をより考慮すること必要かどうかが検討される。

⑧　教育アシスタント研修については，最小限の規模での合意が成立した後，複数年の規模で協議することに合意している。

職業訓練学校

　一方で，職業訓練学校は全般的に長年高い中退率に悩まされている。SOSU学校もそのひとつである。中退の影響は，学生の満足度との関係性があるのではないかといわれている。中退や欠席に関する体系的な取り組みの重要な要素は，①学校管理システムを通じて，中退や欠席をチェックする全体的なレベルと，②学校が以下のような個々の学生を把握し，関わりを持つ実践的なレベルの２つである。

　これまでの，欠席回数を自動的に学生に知らせるという方法から新たなアプローチを模索している。退学が多いのは，基礎教育２の時点であるといわれている。コンタクト・ティチャー（次々頁参照），カウンセラー，well-being コンサルタント（次頁参照）は，欠席の理由や退学を検討する際に重要な役割を担っている。欠席が多い学生に対して，電話連絡，個別面談，などのフォローアップを行う。欠席が多い背景には，学修上の課題以外にも生活課題等があるのではないかととらえて，サポートしている。

　一方で，基礎教育課程にいる学生の中には，職業訓練学校の教育内容と自分の求めているものが合わないという場合もある。その場合には，学生が何をしたいのかという視点に立ち，支援することが最優先される。今の学校とのマッチングがうまくいかないときには，職業教育，あるいは教育システムの中に学生を留めることに重視し，教育内容が変更できるように外部の機関とも連絡を取り合い，学生を支援していく。

学習のサポート体制

デンマークでは，この10年間で就学期間になんらかのサポートが必要な学生が増加している。職業訓練学校の学生では，2008年に学生の約5％だったのが2017年には約12％に増加したという。そのため，学校では多様な学生に対応するために，サポートできる体制を整えている。たとえば，アカデミックサポートや学習習慣の指導も行われる。学校に配置されたカウンセラーからは，メンタリングや依存症からの脱却などの支援も受けられる。また，発達障害のある学生へのIT トレーニングやメンタリングもある。

職員の配置

学校によって配置の濃淡はあるものの，以下のような職員を配置したりプログラムを提供しているところもある。

① 　ウェルビーイング（well-being）コンサルタント／アドバイザー

学校によっては，学生のウェルビーイング（well-being）の向上を専門にした職員を配置していることもある。この職員の役割は，社会活動やそれらの導入セッションを担当している。コンサルタントは，教師のスキルを向上させ，ウェルビーイングを授業に取り入れることなどを，サポートすることができる。その理由は，教員は学生の個人的・心理的な問題に対処する能力を常に有しているわけではなく，また日常生活の中でその時間を確保することが困難な場合があるからである。

ウェルビーイングアドバイザーは，下記に記した弱い立場にある学生のグループプログラムを担当する。就学中に学生に個々にかかわりをもつ職員がいることは，学生にプラスの影響を与えているという。ウェルビーイングコンサルタントは，学生支援の中心的役割を担っている。こちらからアウトリーチしていくこともあれば，メールによる相談も受け付けている。また，学生からアプローチしてもらえるように，多くの人が行き交う食堂の隣や共有スペースなどに，ウェルビーイングコンサルタントの部屋を置いている学校もある。

②　コンタクト・ティーチャー

　全SOSU学校に配置されている。職業訓練学校の改革によって設置が義務化された。コンタクト・ティーチャーは，個別に学生をフォローする特別な役割のために，学生に一人ずつつく。自分が担当する学生について情報を得て，学生をフォローし，健康状態や学習状況に気を配ることが役割である。何か特別に問題がなくても，年に2〜3回は学生と個別面談を行うことになっている。講義を休みがちになったり，学習への参加態度の変化にすぐに気づくことができるため，フォローや退学の防止に重要な役割を果たしている。

③　学校と実習先の連携を図る実習コーディネーター

　学校は，学生の実習に関するさまざまな職務を実習アドバイザーや実習コンサルタントと呼ばれる個々の職員に任せることによって，よい循環を生み出している。学生たちは実習に行くということについて，さまざまな側面から支援を必要としているからである。

　たとえば，実習先を見つけるのが難しかったり，実習先で期待されることに適応できず，実習の過程で課題や葛藤が生じたりすることがある。実習担当者をコンサルタントに集中させることの大きな利点の一つは，学生の実習に行くまでの支援を多数の職員や教員が分担するよりも，一貫したアプローチが可能になることである。担当者が学生によく知られていれば，たとえば，実習先がなかなか決まらないときに誰に連絡すればいいのかがわかりやすく，実習中に問題が発生しても同じ担当者に相談することができる。

　さらに実習コンサルタントは，学生の実習中に実習先を巡回訪問し，学生の様子を確認したり，習得すべき課題にきちんと取り組んでいるかなどを確認する。実習先や指導者との間でうまくいっていないことがあれば，それを解決するよう介入する。

④　実習スーパーバイザー

　各実習期間中，少なくとも社会保健介護士（SSA）の教育を受けてきた，実習指導者が付く。
また，各実習先には，実習指導者をサポートし，複数の学生のプログラムを統

括するコーディネート実習指導者がいる。実習指導者の主な仕事は，実習指導者とともに，実習生が実習の目的に沿って活動できるように実習の枠組みを整え，その道筋を指導することである。学生のもつさまざまな条件に合わせた指導を行う。実習指導者とともに，担当する患者・住人を決めることで，社会保健介護士（SSA）としての実践を通してスキルや能力を高めることができる。

実習指導者は，実習コーディネーターとともに，以下のことを行う。

(1)　現場のスタッフに，これから参加する学生を知らせる

(2)　学生のための導入プログラムを作成する

(3)　正式に実習面接が行われ，文書で記録されていることを確認する

(4)　実習生の事前・事後指導を実践する

(5)　実習日誌，学修記録の文書化を支援する

(6)　学生の振り返りを指導・支援する

(7)　試用期間中の評価をマネジャーと一緒に準備する

⑤　メカンテック

職業訓練学校の分野で，専門的な知識や技術を持つ退職者の集まりで，学校と関係のある人たちで，構成されている。メカンテックの役割は，教室内外で個々の生徒に対して，授業とは別のサポートをすることである。具体的なサポートの内容は，弱い立場にある学生との散歩，宿題の手伝い，授業中のアドバイスやサポートが含まれる。メカンテックは，教員，ウェルビーイング（well-being）コンサルタントと協力し，特定の問題がある学生がいる場合には双方に連絡する。

デンマーク語を母国語としない学生の実習

社会保健介護士（SSA）コースには，外国籍でデンマーク語を母国語としていない学生も多数いる。授業はすべてデンマーク語で行われており，入学条件としてのデンマーク語の一定基準や，基礎課程においても語学の学びがあるが，実習では言葉の壁によって，うまくいかないことも起きている。

SOSU 学校では，社会保健介護士（SSA）として仕事をする際に，必要とな

る言語教育を追加して対応しているところもある。自治体のなかには，デンマーク語が話せたり，書ける能力について条件をつけるべきかどうかと悩んでいるところもある。このことは，特に前述した在宅ケア（ホームヘルプサービス）の場面で顕著に表れる。

　一人で高齢者宅に訪問した際には，言葉の問題で他のスタッフに助けを求めることもできない。そのため，このようなことが想定される場合には，言語面でも問題が起きにくい，デイセンターだけで実習する可能性が高くなる。また，実習生は患者・住人やその家族に会う場面などもあり人間関係やコミュニケーションスキルにも課題があると難しい。

　＊本章の内容は JSPS 科研費 JP19K02282の助成を受けた成果の一部である。

注

⑴　澤渡夏代ブラント（2009）『デンマークの高齢者が世界一幸せなわけ』大月書店.

⑵　石黒暢（2019）「第2章　高齢者介護——変容するケアのパースペクティブ」斎藤弥生・石黒暢編著『新世界の社会福祉第3　北欧』旬報社，221-242.

⑶　地域福祉研究所編（1994）『デンマークに学ぶ本物の福祉』兵庫県部落問題研究所.

⑷　松岡洋子（2005）『デンマークの高齢者福祉と地域居住』新評論.

⑸　松岡洋子（2013）「デンマークにおける『認知症国家行動計画』」『老年精神医学雑誌』24(10)，1000-1006.

⑹　Danmarks Statistik（2019）Erhvervsuddannelser i Danmark 2019.

⑺　石黒暢（1999）「デンマークの社会福祉　Ⅱ高齢者福祉」『世界の社会福祉6　デンマーク・ノルウェー』旬報社，37-61.

⑻　小島ブンゴード孝子（2002）『モア：あるデンマーク高齢者の生き方』ワールドプランニング.

⑼　EVA（2019）Evaluering of specialædagogisk støtte på ungdomsuddannelserne-en registerunder-søgelse.København: Danmark Evaluer ingstitut.

参考文献

SOCIAL-OG SUNDHEDSASSISTENTUDDANNELSEN Gældende for maj-optaget 2015　Undervisningsministeriets bekendtgørelse nr（sosufyn.dk）（2022.12.10 閲覧）.

Elevtrivsel på erhvervsuddannelserne（https://www.eva.dk/ungdomsuddannelse/ elevtrivsel-paa-erhvervsuddannelserne）（2022.11.18閲覧）.

Praktik på de fire største professionsbacheloruddannelser（https://www.frederikssund. dk/media/053aa1fd-1aea-4ddd-8243-fb0cc1325abd/tWitvw/frederikssund.dk/ Dokumenter/Kommunen/Organisation/Elever/H%C3%A5ndbog%20for%20 SSA%20elever.pdf）（2022.11.1閲覧）.

Håndbog for Social- og SundhedsAssistent elever（UDDANNELSE 2021-22）（https://www.frederikssund.dk/media/7af84eaf-3dd6-46db-a712-36bd1fad703e/ 9SZH5Q/frederikssund.dk/Dokumenter/Kommunen/Organisation/Elever/ H%C3%A5ndbog%20for%20SSH%20elever.pdf）（2022.11.25閲覧）.

第5章

デンマークの福祉現場におけるキャリア形成と求められるスキル

・　・　・

1　組織とマネジメント

スコウフセットの職員体制

　スコウフセット（Skovhuset）は，2013年に設立されたプライセンターである。プライセンターとは多機能の高齢者サービスが集合していることを指すが，ここでは，105室の住宅と８室のショートステイのほか，認知症デイセンターがある。約170人のスタッフが働いており，その多くが週28〜37時間労働である。センターでは，17職種がそれぞれの役割をもって勤務している（**資料5‐1**）。

　聞き馴染みのない職種がいくつかあるが，「育成看護師」は実務経験を十分に積んでいる看護師で，プライセンター内では，提供される看護の質を管理し，日常業務における看護師のスーパーバイザーとしての役割，看護師の能力開発などを行っている。「臨床栄養士」は食事と健康に関しての助言や指導を行う専門職である。高齢者の生活で，腎不全，糖尿病，アレルギー，消化器疾患，心血管疾患などの病気のある人たちも多く，栄養療法は，日常的な身体的なケアや看護と同様欠くことができない。

組織図から見る部構成

　実際にこれらのスタッフがどのように組織化されているのかを示したのが**図5‐1**である。プライセンター長の下に開発チーム，運営，計画作成者が２

資料 5-1　スコウフセット（Skovhuset）で勤務している職員の職種

・看護師	・アクティビティ職員
・社会保健介護士（SSA）	・調理員
・社会保健介助士（SSH）	・臨床栄養士
・育成看護師	・栄養アシスタント／ヘルパー
・臨床スーパーバイザー	・調理，掃除アシスタント
・理学療法士	・事務職員
・音楽療法士	・用務員
・ソーシャルワーカー	・管理職
・精神運動療法士	

出所：現地ヒアリングより筆者作成。

図 5-1　スコウフセット（Skovhuset）の組織図

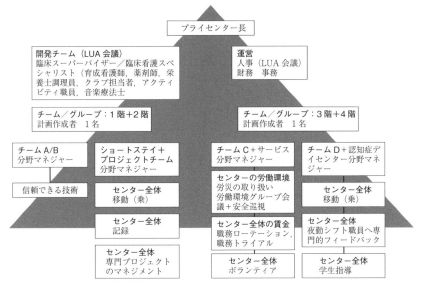

出所：筆者が現地にて取得した資料を翻訳。

名，各チームには分野マネジャーが配置されており，そこでの担当する業務が
振り分けられている。開発チームと運営チームに示されている LUA 会議と
は，毎週行なわれる開発と運営に携わる部署の代表者による管理職会議のこと
である。

　分野マネジャーは，スタッフ間の課題を把握し，状況に応じたマネジメント，価値観に基づいたマネジメント，ケアスタッフがケアすることが困難な状況にある住人がいた場合には，分野マネジャーが実際にケアをやってみせながら模範を示すなどがある。分野マネジャーとして求められるスタッフのスキルは，スタッフのシフト表の作成ができること，スタッフの能力と性格などを見極めて，仕事を任せること，スタッフの業績評価面談を行うとともに，チーム全体の業績評価を行うこと，キーパーソンとなること，プライセンター内での教育を担うこととされている。

職員集団として求められている能力
①　全員が共通した知識を持つ
　ケア場面において，特に関わるスタッフによって対応が異なると住人に混乱が生じやすいのが，認知症ケアにまつわるものである。スタッフの専門性がそれぞれあるにせよ，認知症の人が暮らす場所で仕事をする以上，すべてのスタッフに認知症とその症状について基本的な知識が求められる。そして，必要に応じて，その知識を用いて認知症の人の「安心」を提供する一人となることが求められている。

②　組織力
　安定したコンピテンスの向上には，高齢者のニーズを的確に判断すること，スタッフ個々人の専門的コンピテンスをより深化し，チームや専門家グループ全体のコンピテンスを強化するためには，継続教育が欠かせない。
　異なる専門集団がどのようにお互いを補い合っているのか，スタッフ個人が有している知識や経験がどのように所属するユニットや日頃のケアが展開するシステムの中で影響しあうのかについて，理解しておく必要がある。そのため，個々のスタッフだけでなく，マネジャーが組織を意識しながら俯瞰してチームをみることが求められている。

マネジャーに求められること

スタッフの能力を引き上げていくことは，マネジャーが担う大きな役割の一つである。それは経営問題と合わせて考えていく必要がある。マネジメントには専門のスキルが必要であるが，それと同時に，高齢者の疾患の理解や多くの高齢者にみられる認知症の症状についての理解も深めていなければならない。

スタッフが習得した新しい知識やスキルを実践に結び付けられるようにするのはマネジャーの責任でもある。そのためには，継続教育などの研修をどう活用していくのか，40-20-40モデルなどを用いて，知識が日常のケアで活用されるようなアプローチを考えていくことが必要となる。

40-20-40モデルとは，2007年にウエストミシガン大学のロバート・ブリンカーホフ氏が提唱したものである。それによると，研修などがうまく成果に結びつくためには，成功するための40％は準備段階にあると言われている。準備段階とはたとえば，業務上の課題に沿った研修にスタッフを送れるかどうか，またそのことについて，ケア現場にとって必要なことであると他者に納得してもらえるかどうか，なども含まれる。さらに，本人への動機付けなども大切なことである。

また，20％は研修そのものにあると言われており，品質の高い研修が提供されるように要求していくこともマネジャーとしての役割である。あとの40％は，研修後に学びを実践していくために具体的な計画を立てていくこと，そして実践場面をつくっていくことである。研修がその場限りのイベントで終わらないような工夫が大切である。

マネジャーの能力

「認知症スキル2016-2020」では，認知症ケアのスキルアップについては，マネジャーがどうあるべきかについて，以下の3点が掲げられている。

①　認知症の人にサービスを提供する組織単位のすべての自治体の中間管理職は，ジェネラリストレベルの認知症分野の知識を持つ必要がある。

②　認知症の対応に特化した自治体の中間管理職は，専門家レベルのスキル

を有していることが必要である。

③　認知症に特化した中間管理職は，知識の共有と意見交換のために，自治体や地域のネットワークに参加すべきである。

このような能力を身につけるためには，どのような教育を受ければよいのだろうか。

分野マネジャーになるための教育

分野マネジャーは，専門学士の基礎教育を受けている。たとえば，看護師，作業療法士，理学療法士などである。最近では，社会保健介護士（SSA）を基礎資格とするマネジャーも増えてきている。また，専門的な成人教育として，プライセンターで勤務しながら，必要があれば，老年学，認知症，コーチング，危機心理学なども学ぶ。これらは，研修プログラムも期間も様々用意されており，それぞれが必要としている内容を選んで受講できる。

さらに継続教育として受けているのが，ディプロマレベルの経営学に関することである。デンマークのプライセンターに勤務するセンター長やマネジャーといった管理職の多くは，経営学を学んでいる。

デンマークの継続教育は，基礎レベルに相当する労働市場教育（The Danish Adult Vocational Training Program）と成人基礎教育，高等レベルにある成人継続教育，ディプロマプログラム，マスター・プログラムがある。2001年には卒後教育の取り扱いに関する省庁の再編が行われ，教育省へ移管された。労働市場教育の対象者は在職者であり，職業に関連する専門スキルだけでなく，ICT（情報通信技術）などの一般スキル，コミュニケーションや組織マネジメントなど共通のコンピテンシーなどの維持・向上を目的としている。[1]

労働市場トレーニングコース（AMU）

短期間の研修によって，職業教育の単位を取得することができるコースをAMU（Arbejdsmarkedsuddannelser）といい，これまでの実務経験は関係なく受講することができる。修了すると，教育証明書を取得することができる。

```
リーダーとしての自覚を持つ（2日間）
実践的プロジェクト・マネジメント（9日間）
変革のマネジメント（5日間）
組織運営プロセスの管理（3日間）
能力開発のための管理ツール（2日間）
マネジメントと個人のリーダーシップ（3日間）
マネジメントツールとしてのコミュニケーション（2日間）
管理職のコンフリクトマネジメント（2日間）
危機管理（2日間）
```

出所：https://www.ug.dk/uddannelser/arbejdsmarkedsuddannelseramu/
　　　handeladministrationkommunikationogledelse/ledelse をもとに
　　　筆者作成。

リーダーシップに関する研修では下記の9つの研修が開催されている。ここで
は，リーダーとしての自覚を持つこと，実践的なプロジェクト・マネージメン
ト，変革のマネジメント，組織運営プロセスの管理，能力開発のための管理
ツール，マネジメントと個人のリーダーシップ，マネジメントツールとしての
コミュニケーション，管理職のコンフリクトマネジメント，危機管理について
学ぶことができる。例として**資料 5-2**でリーダーシップに関する研修のカリ
キュラムを紹介する。

経営アカデミーで学ぶコース

　経営アカデミーでは，戦略的・実践的な経営や労働心理学について学ぶこと
ができる。

　入学条件は，関連する職業教育または中等教育＋2年間の関連する実務経験
があることで，修了するためには，60ECTS[(2)]（ヨーロッパ各国で共通に用いられ
る単位互換制度）の取得が必要となる。

　この教育は，ユニバーシティカレッジ（UCN）で行われている。UCN をは
じめとするデンマークの専門職大学は，2007年に国会で可決された高等教育法
の制定により設立された学校である。ビジネス，教育，健康，技術など23の職
業学士プログラムを提供しており，職業訓練校と合併した最初の専門大学とし

図5-2　経営に関するアカデミー教育のモジュール

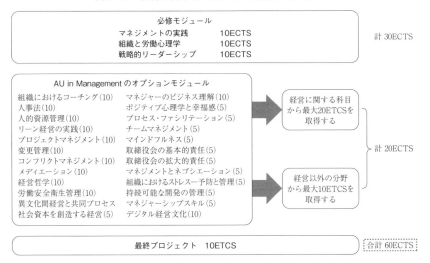

出所：STUDIEORDNING for Akademiuddannelsen i Ledelse（AU）6. を筆者翻訳。

て機能している。

　主なモジュールは**図5-2**に示したとおりである。必修のモジュールでは「マネジメントの実践」「組織と労働心理学」「戦略的リーダーシップ」の3科目あり，他の科目は経営に関する科目から20ECTS選択し，それ以外の分野から最大10ECTSを取得することとなっている。さらに，最終プロジェクトとして10ECTSがある。最終プロジェクトのモジュールとは，試験のことであり，このモジュールを受けるには，50ECTSのモジュールに合格していなければならない。研修期間は，基本的には1年間であるが，最長で6年間在籍することができる。

　なお，25歳以上で就業している人で，就業しながら教育を受けたい場合には，成人教育助成金（SVU）を申請することができる。それにより，週当たり日額給与の60％（週約2,643DKK）を受け取ることができる。この助成金は，給与を支払っている雇用主に支払われる場合もある。学費は，モジュールあたり5,400〜9,800DKKで設定されている。

資料5-3　選択モジュール一覧

プロジェクト・マネジメント	経営と労働環境
マネジメントと能力開発	経営と法的枠組み
経営と哲学	業務管理
チームマネジメント	プロフェッショナル・マネジメント
ネットワーク管理	マネジメントとサステナビリティ
知識とイノベーションのマネジメント	ボランタリー組織におけるマネジメント
戦略的マネジメント	マネジメントとネゴシエーション
品質開発・評価	共創プロセスの管理
コミュニケーションと組織化	ソーシャルキャピタルの管理
変更管理	教育マネジメント
マネジメントとコーチング	データによる管理
マネジメント実践	横断的な管理
人財マネジメントとリーダーシップ	マネジメントとファシリテーション
経営・財務管理	組織心理学とマネジメント
学校運営	教育的,教学的およびデータに基づいた管理

関係の複雑さにおけるマネジメント

デジタルトランスフォーメーションのマネジメント

政策的に運営される組織におけるマネジメントガバナンス

教育カリキュラムの強化に基づく,保育所における学習環境の専門的な管理,組織化,開発

保育のプロフェッショナル・マネジメント,評価,品質開発

出所：STUDIEORDNING for Akademiuddannelsen i Ledelse（AU）6.をもとに筆者作成。

経営学のディプロマプログラム

　ディプロマとは，特定のコースや学科の課程を修めて卒業した証として与えられるものである。経営学のディプロマプログラムを受講することによって，管理に関する確かな理論知識をもち，現代の組織で直面する変化や課題を分析，管理できるようになること，さらにリーダーとしての役割を明確化することが目標となる。

　そのため，ディプロマプログラムの受講者は，マネジャーとしての日常業務で理論を実践につなげていきたいと考えている人である。民間企業や公的機関に勤めている人のどちらも対象となり，これから管理職になる人の受講も可能である。入学要件は，ディプロマレベルに到達できるだけの能力があるとされる資格取得コースが修了してからおおむね実務経験は2年以上ある人，あるい

は高校卒業後4年間の実務経験を有する人とされている。

　経営学のディプロマプログラムは，60ECTS で構成されており，1年間で修了する。また，働きながら勉強する人は最長6年まで在籍することができる。

　必修モジュール，選択モジュール（**資料5-3**）は3つずつあり，そのほかに最終プロジェクト（試験）がある。必修モジュールは「個人のリーダーシップの変化」，「従業員の管理と専門能力開発」，「組織・開発・共創」の3つであり，それぞれ10ECTS である。選択モジュールは5ECTS，最終プロジェクトは15ECTS で構成されている。

　ディプロマプログラムは，ケアの現場で就業している人に対するプログラムではなく，一般的な企業でマネジメントをする立場にある人や，リーダーとなる人も受講している。ケアの現場をマネジメントしていくことについても基本的には組織をマネジメントし，ケアスタッフを管理するという点では変わらない。

2　認知症コーディネーターの養成とそのプログラム

認知症コーディネーターの成立背景

　デンマークでは，1990年代の初めに，ケアスタッフや看護師への再教育に取り組みはじめた。それまでの研修は，身体的ケアが中心であったが，認知症ケアには多角的な視点やアプローチが必要とされた。認知症コーディネーターの先駆けは，当時「ミドルファート病院の精神科医師ロルフ・バンク・オルセン氏のもとで教育を受けた人財が，いくつかの自治体の専門職員として採用されたのがきっかけとなっている。デンマークが認知症高齢者対策を推進するにあたって解決を迫られていた，医療連携，家族支援，地域啓発，職員教育，困難ケースの個別対応などは，認知症コーディネーターの登場によって少しずつ解決の糸口を見出すことができた[3]」と言われている。

　1993年認知症コーディネーター資格が創設され，人財養成が始まった[4]。当時，コムーネ[5]のケアリーダーといわれるような管理的立場にある人たちは100

時間（3週間）の認知症コンサルタント養成コースを受け始めていた。認知症コーディネーターの職能団体である「デンマーク認知症コーディネーター協会」は1994年5月に発足した。

2002年に社会サービス法が改正され，全ての自治体は，認知症コーディネーターを配置しなければならないと定められた。認知症コーディネーターは，国家資格ではないが，一定の教育を受けなければ，その職に就くことはできないと定めている自治体が多い。2010年の社会サービス局の調査ではコムーネの96％に認知症コーディネーターあるいは認知症コンサルタントを雇用している[7]。

100時間以上かけて養成される認知症コーディネーターは，「受講者の個人的なスキルアップというよりも，習得した知識，技術，指導力を地域や事業所に還元していく公的な役割を担う人財開発の側面が強い」と言われる[8]。

認知症コーディネーターが自治体必置となった背景には，常に進展が求められる認知症ケアの分野で，すべてのケアスタッフの能力を向上させていく必要性があったことがあげられる。言い換えれば，それを実現するための方策であったといえる。とくに自治体必置となり養成が活発となってからは，教育を受けた認知症コーディネーターがプライエボーリの認知症ユニットなどからスーパーバイズの依頼を受けるようになった。

認知症コーディネーターの養成

認知症コーディネーターになるには，ソーシャルディプロマプログラムを修了することが必要となる。修了するとソーシャルワークのディプロマ（Soc. d）が授与される。プログラムは1年間で，60ECTSを取得する。

認知症コーディネーター養成は，理学療法士，作業療法士，看護師，社会保健介護士の基礎資格を持ち，資格取得後2年以上の実務経験を有するものと定められているが，実際は，10年以上の実務経験者が多いという。1回の受講生は，18〜25名程度である[9]。

2018年にデンマーク国立衛生局が行った調査によると，認知症コーディネー

ターが基礎資格として有していたのは，看護師58％，社会保健介護士（SSA）22％，作業療法士７％の順であった。

　認知症の進行や症状の管理に関する十分な知識を得て，本人や家族に助言・指導を行うことが求められるため，認知症コーディネーターは医療従事者（それと同等の知識を持つ者）が望ましいと指摘される声もある。さらに同調査では，認知症コーディネーターが受講した継続教育についても明らかにしており，ディプロマプログラムでは，本書で紹介するソーシャルディプロマに加えて，神経心理学と神経教育学コンピテンスセンターでのディプロマを取得している者もいた。また，教育学・認知症における博士学位を取得していると回答した者もおり，認知症コーディネーターとなってからもさらに継続教育を受けていることがうかがえた。

養成プログラム

　必修モジュールが15ECTS，オプションモジュール（選択・選択必修）が30ECTS，最終プロジェクト15ECTS で構成されている。**表5－1**は，養成プログラムの全体像である。認知症コーディネーターには，認知症の知識やケアの技術といった基本的なことはもちろんのこと，研究方法やソーシャルワークの方法論や理論についても求められることがわかる。

　認知症コーディネーターは，社会保健介助士（SSH），社会保健介護士（SSA）はもちろんのこと看護師，作業療法士，法律家と協働したり，認知症の人とその家族を初期の段階から支援していくこと，あるいは一般市民への啓発など，求められている役割が広いため，それに対応していくための基礎的な理論を学ぶカリキュラムとなっている。

　また，選択科目で，グループメソッドを学ぶ意味は，家族会を組織化したり運営すること，当事者グループの組織化などが実際の業務となるからである。

認知症コーディネーターに求められる専門的能力

　実際に認知症コーディネーターとして勤務している者は，以下の４つが最も

表5-1 認知症コーディネーターの養成プログラム

	モジュール	内容
必修	科学とソーシャルワーク理論 (10ECTS)	・科学理論にける知の形態と位置づけ ・専門的知識，権力，倫理 ・社会問題とソーシャルワーク実践の視点 ・研究方法
	研究開発（5ECTS）	・研究開発業務の企画 ・ソーシャルワークの研究・開発の方法 ・調査員と開発者の役割
選択必修	認知症，ケアとアクティビティ (10ECTS)	目標：認知症の人とその家族に対する全人的アプローチを開発・実施するための知識，技術，能力を修得する ・パーソン・センタード・アプローチ ・活動内容や社会教育的な方法について
	認知症，法律，倫理 (10ECTS)	目標：認知症の人，家族，パートナーとの協働について，自らの実践を展開し，倫理的・法的根拠に基づき行動できる知識，技術，能力を身に付ける ・法規制について ・倫理観とリフレクションモデル ・市民参加 ・パーソン・センタード・アプローチ
選択	専門職間／セクター間の協力におけるアプローチの方法 (10ECTS)	専門職間の協力の機会と課題について理解し，専門家間及びセクター間の協力を調整・発展させるためのツールや能力を身につける
	コミュニケーションの理論と方法モデル（10ECTS）	ソーシャルワークに関連したコミュニケーション能力を強化する
	ソーシャルワークにおける方法としてのスーパービジョンの理論と展望（10ECTS）	特にソーシャルワークにおけるスーパービジョンの応用に重点を置き，スーパービジョンの理論と方法論についての理解を修得・発展する
	ソーシャルワークにおけるスーパービジョンの方法 (10ECTS)	広義のソーシャルワークにおいて，個人およびグループスーパービジョンを組織し，提供する能力を身に付ける
	ソーシャルワーカーのためのインターンシップスーパービジョン	実践経験と開発型アプローチの統合を通じて，ソーシャルワーク教育実習における実習指導者としての知識，技術，能力を修得する
	ソーシャルワークにおける理論と方法論の解釈と実践 (10ECTS)	コンサルタントの多様な役割における専門的な能力を身につけ，自分の組織の内外で専門的な開発および対話の機会を作ることができる。また，キーパーソン，マネジャー，コンサルタントが日常業務で使用できるツールを知る

	社会的弱者の子ども，若者，大人のための包摂と排除のプロセス（10ECTS）	社会的弱者の子ども，若者，大人に関する包摂と排除のプロセスに関する知識を習得する
	選択されたターゲットグループに関する問題と倫理的展望（10ECTS）	実践的な経験と開発に基づくアプローチの統合により，学生は個人，社会，組織，文化，社会の状況，機械と制約の評価に関連して，定義されたターゲットグループの状況に対する洞察を深める
	選択されたターゲットグループに関するソーシャルワークの選択されたメソッド（10ECTS）	実践経験と開発型アプローチの統合により，学生はソーシャルワーク実践に関連して，選択したターゲットグループとのさまざまなソーシャルワークの方法における能力を獲得する
	名誉にかかわる紛争に関連するソーシャルワークの視点（10ECTS）	文化理解／異文化コミュニケーション，暴力，移民，家族，ストレス，子どもや若者を取り巻く保護問題など，名誉・人権にかかわる紛争の力学に関する理論的な視点，法的枠組み，サポートに関する最新の知識を得る
	知識に関わるソーシャルワーク（10ECTS）	特定の行動分野における（ある市民グループ）に対する介入で何が有効かについての知識，介入における市民自身の知識の関与，知識が参加者の自治体における行動の実際と相互作用についての理解をする
	ソーシャルハウジングにおける理論と方法（10ECTS）	社会的に脆弱な住宅地における社会的住宅の介入を開発，計画，調整，管理するための基礎を学ぶ
	心理社会的リハビリテーション（10ECTS）	精神的・社会的問題を抱える人々に対して，リハビリテーションという概念がどのように理解されるか，またその実践における可能性と課題について理解を得る
	共創の理論とモデル（10ECTS）	福祉分野における共創・持続可能・市民参加型プロジェクトの開発・企画・調整・指導のための基礎固めを行う
	グループメソッドの理論とモデル（10ECTS）	グループメソッドの可能性と課題に関する知識を得るとともに，グループを立ち上げ，ファシリテートするスキルを身に付ける。グループワークのアプローチ，グループのファシリテーションなどを学ぶ
最終プロジェクト	試験（15ECTS）	・筆記試験 ・口頭試問 ・コンビネーションテスト

出所：https://www.demens-dk.dk/WordPress/wp-content/uploads/2018/10/Demenskoordinator funktioner-og-kompetencer-Endelig.pdf をもとに筆者作成。

重要な専門的能力と認識されている。

① 認知症に関する幅広い知識と最新の学際的な知識

② 学際的な連携を図るためのコーディネーション能力，ファシリテーション能力

③ ティーチングとカウンセリングに関するコミュニケーションと普及

④ 市民・家族支援との関係における教育的・心理的な力量

　これらの専門的な能力を身に付け向上するために，継続教育の他に専門職団体としての認知症コーディネーター協会は，継続研修として毎年3日間のコースを開催している。

　認知症コーディネーターとして働くためには，専門職であるという意識と姿勢，常に自らの支援の質について関心をもち，認知症の人や家族だけでなく，市民，同僚とも信頼関係を築く能力が求められる。また，認知症に関する国家予算，助成などの維持継続の必要性を政治家を納得させるために，データを活用して示せなければならない。これらの専門的能力は，基礎資格として有している看護師や，社会保健介護士（SSA）の教育と実務では，獲得することが難しく，先に述べた継続教育が必須であることがわかる。

認知症コーディネーターの職務

　認知症コーディネーターは，自治体によって雇用されている。自治体に複数いる場合には，プライセンターに所属し当該地域の認知症ユニットやプライエボーリで暮らしている認知症の人を主に担当し，併せて管理者やスタッフの教育を専門とする者と，自治体の在宅サービスに関する部門（Vasitationen）に所属しながら，主に自宅で生活している認知症の人とその家族を担当する者を配置している。

　認知症コーディネーターの職務には，下記の大きく3つあるといわれている。
(10)

① 家族と関係機関をつなぐ役割（コンサルタント）

② 認知症に関する教育普及を行うこと

③　スーパーバイズを行うこと

アッセンス市（ASSENS）では，自治体に所属している認知症コーディネーターが，認知症と診断された高齢者を2週間以内に訪問することになっている。認知症クリニックの専門看護師は，本人の許可を得たのちに認知症コーディネーターに病名，病気の程度，自治体関与の必要性，コーディネーターの家庭訪問の要請，デイセンターの利用や住み替えの必要性などについて連絡をする。

その後，一人暮らしの高齢者の場合には，1か月〜1か月半に1回は訪問して様子をみていく。認知症コーディネーターは，認知症の人とその家族がサービスにアクセスするための窓口となる役割も果たしている。家族や認知症の人本人では，分かりづらい様々な手続きや連絡を最小限にすることが目的である。認知症が進行し，在宅での生活が難しくなってくると，家族と認知症コーディネーターが住み替えについて協議する。引っ越し先が決まったら，プライセンターの担当の認知症コーディネーターに引き継ぐ。

プライセンターに所属している認知症コーディネーターは，市内にある11か所のプライセンター内のプライエボーリに住む認知症の人を担当している。認知症の症状がみられる高齢者がいる場合には，認知症コーディネーターに連絡が入る。連絡を受けたら，家族，家庭医と認知症の診断を受けさせたいと考えているのかどうか，またその必要性があるのか話合いをする。家族が希望すれば，受診の手続きをする。あくまでも，本人・そして家族の意向に沿いながらの支援は変わらない。

認知症コーディネーターの役割

① ケア現場の困難ケースに対応

認知症コーディネーターは，ケア現場からの相談に応じたり，アドバイスを求められたりする。たとえば，プライエボーリの認知症ユニットのスタッフからの「自分の行ったケアについて，この方法でよかったのかどうか」，「ケアが難しく困っているが解決策が見いだせない」という相談等である。認知症コー

ディネーターは，このような相談があった場合，直接，現場に出向き話を聞きながら，スタッフと高齢者との相性や服薬の状況など，これまでのケース記録を見ながら助言する。どれだけの教育を受けていても，現場のスタッフは自分のケアの仕方に自信がなくなる場合もある。認知症コーディネーターは，そのような時に傍らでスタッフのケアの仕方を支持しつつ，適宜そのケアの仕方を修正しながら支え続けていく存在となる。また，スタッフのケアに関するとまどいへの支援にとどまらず，管理者などから現場での困難について相談がある際には，それを解決していくプログラムを考案することもある。[11]

　社会サービス法では，自己決定権を重視し，必要時以外にスタッフが当事者に権力を行使することを制限している。[12]これは1999年国会において，自己決定権を強化し明確にしたことによる。このことは，認知症ケアの現場においても有効であると考えられており，権力の行使を簡単にはできないことになっている。[13]

　権力の行使は，社会サービス法第67条のケア義務に関する規定に定められている。たとえば，プライエボーリでベッド柵を使用することは，本人が望まなければ基本的にしてはならないことである。その根拠となるのが，社会サービス法第82条の「身体的な強制によって援助することはできない」と記されている部分である。

　しかし，認知症の人の場合，本人の意向や判断に従ったままにしておくことで，生命にかかわるような状況にもなりかねない。万が一，そこまで本人の意向だからと言ってケアする側が何もしない場合には，「ネグレクト」とみなされる。社会サービス法第136条では，問題が解決できない場合においては権力を使うことが許されている。権力を使用する場合には，必要書類を提出し自治体からの許可を受けなければならない。

　認知症の人にケアをさせてもらえない，いわゆる拒否が続き，権力以外の方法でケアができない場合には，短時間で行われることなどの定めがある中で，認められる。その場合には，自治体の認知症コーディネーターと法律コンサルタントとの協議により必要であると判断した場合には，権力の行使をすること

が可能となる。

② スタッフの能力開発

デンマーク社会省は，「特別なニーズを抱える認知症患者のケアに携わるスタッフのための卒後教育／専門能力開発」プロジェクトを2007〜2009年にかけて行った。このプロジェクトの背景には，認知症コーディネーターが，在宅ケアを担っているスタッフがケア場面で困った状況が生じたときに，これまでの振り返りをケアに活かせていないと感じていたことが発端である。特に在宅ケアでは，スタッフが一人きりで支援することが多く，上司や同僚と振り返ることができないという現実もある。しかし，難しい認知症ケアでも卒後に継続教育を行えば，自己を顧みたり，新たな知識を得たりする機会を得ることができ，スタッフの能力の向上につながるのではないかと考えられる。

このプロジェクトの目標は，(1)在宅ケアに携わるスタッフの専門能力を開発すること，(2)継続教育というコンセプトを確立すること，(3)スタッフの仕事に職業教育を組み込むことであった。プロジェクトでは，5名の認知症コーディネーターが81名のケアスタッフを対象に行った。81名のケアスタッフの基礎資格は社会保健介助士（SSH）が60名，社会保健介護士（SSA）が21名であった。1ケースにつき3回の継続的な指導を認知症コーディネーターから受け，1つの事業所から3名ずつ参加した。1回目と2回目の指導の間に，スタッフも認知症コーディネーターも課題を整理した。1対1の個人スーパービジョンではなく，3名ずつグループで行うことにより，そこで展開されるやり取りがより深いものになったという。仮に2名ずつ行われていたら，一方が支配的になり，偏ってしまいがちになるが，3名ならばその可能性が薄くなるといわれている。

このプロジェクトの成果は，(1)スタッフの認知症に関する専門知識の向上，(2)部門間の協力の強化，(3)スタッフ間の軋轢の予防および仕事の喜びの増大，(4)スタッフの仕事への継続教育の組み込みであったと報告書では述べられている。ケアスタッフへの継続教育は，個別ではなく，数名同時に行われることがより効果が高まりその結果，チームワークやスタッフ間の連携につながるとい

うことである。

このプロジェクトを終えて，スタッフを参加させた事業所の管理者は，スタッフが事業所に戻ってきて，継続教育について他のスタッフに語ればそれで十分かといえば必ずしもそうではなく，認知症コーディネーターがついていることが重要である。認知症コーディネーターが常にそばにいると，連携が強まっていることを実感したという。[14]

3 認知症ケアに関する継続教育

継続教育の歴史

1960年に特別労働者学校（1985年からは AMU センター）に関する法律が制定され，研修事業が正式に開始された。この法律には，未熟練労働者のための労働市場関連の短期コースの設置が含まれており，1966年には熟練労働者も AMU センターでコースを受けられるようになった。[15][16]

1984年，デンマーク議会は成人教育と広報のための10項目のプログラムを採択した。このプログラムは，政府に対して，"成人教育と広報の発展のための枠組みを改善し，成人の参加の機会を増やすこと"を要求したのである。[17]
このプログラムの実施に伴い，多くの実験・開発プロジェクトが開始された。1989年，教育のための有給休暇に関する ILO 条約に触発され，「成人教育に対する支援を与えることにより，短期教育を受けた成人が就業時間中に教育に参加するための経済的基礎を提供すること」を目的とした成人教育支援法が国会で成立した。[18]

「成人教育支援」は，職業訓練コースやトレーニングだけでなく，一般技能訓練や成人教育にも向けられた。これは，労働市場と成人個人の双方の利益に資するという，当時のデンマークの成人教育の公式な目的に沿ったものであった。[19]

1993年時の政権の「新たなスタート」では，6万人の成人・継続教育の場を新たに設け，成人・継続教育の需要を高めることを掲げた。その一環として，

成人教育・生涯教育の財源として，教育機関への補助金を生徒の処理能力に応じて支給する制度や，教育休暇の新たなルールが導入された。この改革は，成人教育や生涯教育の大幅な増加を意味した。[20][21]

　デンマークの成人教育は，過去30年間，政治的に注目され，さまざまな計画や改革が導入されてきた。多くの改革に共通しているのは，成人教育への参加者を増やしたいという考えのもとに行われてきたことである。しかし，その当初の意図は次第に変容してきた。当初は，この教育は，労働市場との関係だけでなく，個人の能力開発にも役立つものとして教育に焦点が当てられていたのに対し，次第に経済的な理由も含め，社会が十分に訓練された労働力を求めているという労働市場の必要性に焦点が当てられるようになってきた。[22]

　現在では，継続教育プログラムの受講料やコース代金，教育を受けるためにかかる交通費，宿泊費，資料代などのために，地方自治体能力基金と地域能力基金は，1人あたり30,000DKK を支援している。この基金に申し込むことができるのは，AMU，アカデミー教育，卒業証書プログラムなどの資格教育である。

認知症に関する継続教育

　2016年に報告された「認知症スキル2016-2020」では，スキルアップの提言として4項目掲げた。そのうちの1つに「集団の能力に焦点を当て，症状の経過のプロセスを全体像として見られるようになること」が挙げられている。つまり，専門職集団としての能力の向上が認知症ケアでは重要であるということだ。そのために，業務分担や多職種連携の強化が必要であり，スタッフは，認知症の人，家族，自分自身のために，異なる分野が互いに補完し合うような，全体的かつ横断的なアプローチを生み出す，専門分野に特化した力量を身につける必要があると示されている。提案として，学部レベルの正規の教育システムや，正規の専門教育の枠組み（修士，ディプロマ，AMU など）において，学問領域を超えた教育を強化することが提案されている。継続教育を受けることの必要性をデンマーク全体で認識したということである。

それを可能にするためには，より実践的な研修プログラムを作る必要がある。

　病気の解明や症状へのアプローチの方法も次第に明らかにされている。また他の疾患との認知症の症状が併発している場合もあり，ケアする側のスキルの高度化が求められる。最新の理論や知識を知る場が欠かせない。デンマークの継続教育は，教育プログラムのガイドラインや研修内容について一定の枠組みで提供できるように組織がつくられている。本節では，その組織と実際に提供されているプログラムついてみていく。

継続教育の内容について検討する組織

　①　SEVU（Sekretariatet for Erhvervsrettede Velfærdsuddannelser）

　SEVU は，職業教育事務局のことである。この事務局は，4 つの委員会で構成されており，そのうち FEVU（Fællesudvalget for erhvervsrettede velfærdsuddannelser）という，職業福祉教育合同委員会がある。ここでは，労働市場のニーズに合ったプログラムの開発を行っている。この委員会は，雇用者側である KL と地域，そして，被雇用者を代表する各労働組合の FOA，3F，SL，BUPL によって構成されており，年に 6 ～ 8 回開催される。このような組織があることによって，均一化された研修が可能となり，加えて，ケア現場で求められているものに合致した継続教育ができる。

　ここでは，主に以下の 5 つのことについて行っている。

　(1)　教育職員の研修と社会保健介助士（SSH）・社会保健介護士（SSA）の研修について，研修計画を立て，期間，構成，能力目標を決定する

　(2)　研修期間や修了試験のガイドラインなど，研修内容の管理・開発を行う

　(3)　研修施設を確認し，研修施設における良好な研修条件を推進する

　(4)　委員会の専門分野の発展を監視し，研修プログラムの改訂を主導する

　(5)　地域の教育委員会の課題に協力する

　②　AMU（Arbejdsmarkedsuddannelser）

　AMU は，労働市場教育のことで，主に未経験者や熟練労働者を対象とした

研修を行っている。研修は実践的かつ理論的なもので構成されている。AMU
で現在行われている認知症ケアに関する研修は9つあり（**表5-2**），認知症ケ
アをする上での取得しておくべき理論については，11の研修が用意されている
（**資料5-4**）。研修の期間は，3日〜5日で構成されており，それぞれ修了時
にはテストが行われる。認知症に関する研修では，早期発見のために必要な知
識でもある脱水状態，うつ状態，錯乱状態によって起こる症状と見分けること
を学ぶ。また，ケアを学ぶ研修では社会教育学的な観点と心理学的な視点を根
拠としてより専門的なケアを提供できるようにする。さらには，身体疾患と認
知症を併発している場合のアセスメントについて理解したり，認知症の評価
ツールや活用についても学ぶ。認知症の人に対してどのような緩和ケアができ
るのか，その内容についても終末期との関連で学ぶプログラムもある。

　このように，認知症ケアを初めて行う人にとっては，基本から学ぶプログラ
ムもあり，継続して新たな知識を得たいと考えている人にとっても，より専門
的な学びが深められる。

　一方で，習得しておくべき理論についてはピアスーパーバイズ，コミュニ
ケーション，コンフリクトマネジメント，家族との連携等がある。これらは，
ソーシャルワークの方法ともいえる。また，教育学的な視点も含まれている。
関連科目では，認知症ケアに関する知識を得て，実際にケアスタッフがまさに
中核的な人財になっていくステップの中で必要とされている。

表5-2　認知症に関する研修

テーマ	期間	研修目標
ケア業務における認知症の早期発見	3日間	〈職場研修の行動目標〉参加者は，認知症発症の最も早い警告サインを知っている。 認知症の症状と，水分不足，うつ状態，錯乱状態による症状を見分けることができる。 認知症診断を視野に入れ，関係者に観察結果を伝え，多職種と対話することができる。 予防や健康増進のための業務に参加できる。 認知症の人やその親族と，その人格を尊重しながら仕事をすることができる。
認知症の人，病気の自覚	5日間	これまでに習得した知識と自身の実践経験をもとに，認知症の人のチャンスと限界を認識し，分析することができるようになる。 参加者は，認知症の人が示すニーズや希望に適切に対応できる。 最新の知見に基づき，参加者は脳障害の症状を認識し，対象者の行動パターンを的を絞って観察することができる。また，受講者は，認知症の人の診断，治療，法的確実性を確保するために，多職種チームで活動することができるようになる。 また，仕事へのコミットメントや楽しさを維持するために，参加者自身が自分の価値観や希望，ニーズを表現することができる。
認知症の人のケア	5日間	認知症の人とその家族の日常生活で生じる個々のニーズを管理することができる。 社会教育学的，心理学的な根拠に基づき，専門的かつ丁寧なケアを提供することができる。 認知症の一般的な症状を認識し，その症状に基づいて業務に取り組むことができる。 日常生活への負担を理解する。 個人の生活史や日常生活，自治体の目的などを知った上で，住民との連携を図ることができる。 また，認知症の方と接する際に，尊厳と敬意をもって接することができるよう，強制力の行使に関する規則を含む適用される法律の規定についての知識も有する。 対話を通じて，認知症の家族の負担を確認することができる。 認知症の人の親族に基本的な支援や指導を行うことができる。 親族と協力し，その資源を活用することができる。 同僚との計画的な会話を通じて，ストレスや燃え尽き症候群を予防することができる。

身体的疾患により入院している認知症の人	4日間	身体障害を伴う認知症の人に対して，最も一般的な認知症とその症状について，これまでに得た知識と最新の知識に基づいてケアすることができるようになる。 身体疾患と認知症症状の複雑な相互作用に関する知識を持ち，生理的不均衡による進行と認知症そのものの進行を区別できる。 認知症の人の痛みの経験とその治療に関する具体的な知識も含む。 同様に，認知症アセスメントを開始するための簡単な評価ツールや手順についての知識も身につけることができる。 入院中，参加者はコンテクストの重要性を理解した上で，認知症の人に関連した支持的ケアを組織し，環境療法の原則を適用することができる。 身体疾患の入院・介護・治療において，認知症の人やそのネットワークと連携したコミュニケーションマネジメントができるようになる。
成人の障害—老人と認知症	5日間	社会教育学の視点で，全人的にとらえ社会的・健康的な教育的基盤のもと，市民個人の尊重とその家族の参加に基づいたケアとリハビリを提供することができる。 認知症や心身機能の低下した高齢者など，加齢に伴うニーズを把握し，対応・支援・ケアすることができる。 老化の過程とそれに伴う一般的な症状，および認知症の具体的な症状を認識することができる。 受講者はこのことが日常生活や社会的な条件としてどのような意味を持つかを考え，それを基に的を絞った介入を開始することができる。 市民の生活史，資源，有意義な人生発展の可能性に基づき，健康と幸福を促進する介入に基づき，倫理的に働き，考察し，行動することができる。 社会教育学的視点で，注意義務や権力の行使に関する規則を含む現行法に基づいて，市民との尊厳と尊重に満ちた関係を確保することができる。 市民の日常生活や現在の機能レベルを観察・記録し，それをもとに同僚や他の学際的な協力者，親族と連携した取り組みを行うことができる。
行動変容や認知症の人との交流	5日間	本人中心のアプローチ，認知症専門家の理解や手法に基づき，受講者は以下のことができる。 —専門家と認知症の人の関係を強化する反応や役割など，相互作用における行動の影響力の重要性。 —認知症の人との関わりの中で，自分の行動の影響や規制について考え，責任を持つ。 —認知症の人の健康や協力のための感覚刺激の重要性に関する知識の応用，および刺激不足／過剰刺激の兆候と症状の理解。 —認知症に関連した変容行動や精神障害を示す人々による力の行使を最小限に抑えるための予防措置の重要性。 —アイデンティティの強化による認知症の人のライフスキルの促進。

尊厳のある人生—認知症の人	5日間	本人中心のアプローチ，認知症専門家の理解や手法に基づき，受講者は以下を行うことができる。 —認知症の人のための個人およびグループ活動のための自主的な取り組みと条件整備を行う。 —その人の生活歴や性格，その結果得られる有意義感，積極的な参加，社会的関係の機会などに基づいて，適切な活動を計画する。 —有意義な活動に対する個人の希望とニーズ，および副刺激／過刺激の兆候に基づいて，実施した活動の分析，考察，評価の方法を適用することができる。 —認知症の人の幸福感やQOLを高めるために，ニーズを把握し，関連する福祉技術を利用するよう働きかける。 —認知症の人やその親族がいる場合は，その人との関係や協力の中で，活動において適切なコミュニケーション形態を用いる。
認知症の人のための緩和ケア	4日間	認知症に関するこれまでの経験や知識に関連して，認知症の人が死に近づいていることを示す症状や事象を見極めることができる。 認知症の人に対し，自立し，かつ他者と協力して全人的なケアを提供し，家族とともに尊厳ある終末期を迎えることに寄与することができる。 特に，認知症ケアの提供そのものに関わる意義に着目する。 親類と積極的に関係を持ち，協力し合うことができる。 さらに，認知症で死にゆく人々に関する具体的な倫理的側面について理解し，これを基に自身の実践を振り返ることができる。 WHOの緩和の定義を知り，認知症の人の苦痛な症状を緩和し，不必要な入院をせずに尊厳ある人生の終焉に貢献するための最新の知識に基づいて，業務や行動計画を立案することができる。 チームで組織された学際的な取り組みにおける自身の役割を理解し，同僚との専門的なスパーリングや緩和的な取り組みのための行動の可能性に貢献することができる。 また，同僚との会話などを通じて，心理的な問題が引き起こす労働災害の防止に関連する知識を持つ。
認知症に対する不適切な行動と外向きの反応	5日間	外向的であったり，不適切な行動をとる認知症の方に対して，認知症の人の状況を理解した上で，予防的・緩和的な働きかけを行うことができる。例えば，妄想，活動障害，攻撃性，概日リズム障害，不安，恐怖症など。 神経性脳損傷そのもの，身体的な原因（せん妄，痛み，投薬，その他の病気など），および入居者を取り巻く環境と状況の重要性に関連する障害や不適切な行動の兆候や症状を理解することができる。 結果を振り返るなどして，予防・軽減アプローチの調整の必要性を評価することができるようになる。 新しい知識を取り入れることで，より効果的な活動を行うことができる。 ワークでは，社会教育学的アプローチから自立の原則を適用することができる。

| | | さらに，これまでに習得した知識や自身の実践経験を応用し，ライフヒストリーの考え方に基づき，個人の可能性と限界を見極めながら，適切に行動することができる。注意義務と怠慢など，仕事上のジレンマを特定でき，スタッフがケアのルーチンと曖昧さを経験することの重要性を知っている。その中で，親族を含むパートナーと共に振り返りを行い，介入の記録を継続的に提供することができる。また，同僚との会話などを通じて，精神的要因による労働災害の防止に関する知識を持ち，外出している。 |

出所：https://www.sevu.dk/fevu/demensomraadet　をもとに筆者作成。

資料5-4　習得しておくべき関連科目

①学校教育または看護の分野でのピアスーパーバイズ
②社会教育学と活動的なメソッド
③高齢者ケアにおける教育的手法
④ケアワークにおける認知的コミュニケーション
⑤ケアワークにおけるコンフリクトマネジメント
⑥教育学のツールとしての神経教育学
⑦暴力防止，紛争解決，開発
⑧家族との連携
⑨ケアとリレーションシップの仕事における心理
⑩コミュニケーションの円滑化
⑪職業関係のプロフェッショナル化

出所：https://www.sevu.dk/demens をもとに筆者作成。

4　認知症ケアにおけるスタッフの能力向上に向けた取り組み

　社会保健介助士（SSH）・社会保健介護士（SSA）などが，身体的ケアを担うのはもちろんであるが，その専門性やチームケアで高齢者の日々の暮らしを支援していくためにどのような役割が求められているのだろうか。「認知症スキル2016-2020」では7つの役割について述べている（**表5-3**）。

　1つ目は，実践的な個別ケア，トレーニング，リハビリテーション，看護や医療サービスを提供することである。認知症の種類や疾患別の理解，その症状

表5-3　社会保健介助士（SSH）・社会保健介護士（SSA）に求められる7つの役割

役　割	具体的内容
実践的な個別ケア，トレーニング，リハビリテーション，看護及び委任された医療サービス	・さまざまなタイプの認知症と，疾患が行動や機能に及ぼす影響についての知識を理解し，応用することができる。 ・ケア，トレーニング，リハビリテーションのプロセスに本人や親族を参加させる方法についての知識を理解し，適用することができる。 ・家族の状況や健康な家族としての役割の支援方法についての知識を理解し，応用することができる。 ・他の疾患にも罹患している認知症の人に関する知識を理解し，応用することができる。 ・既存のスクリーニング方法を理解し，適用することができる。
コミュニケーター	・認知症の人の認知上の課題を踏まえ，本人／家族／専門家などのパートナーとの面談において，さまざまな対話ツールを理解し，活用することができる。 ・認知症の人の日常生活を観察・分析し，解釈することができる。 ・専門的な観察と課題を的確に伝えるために利用できるツールを理解し使用する。
コラボレーション	・自己の役割を理解した上で，学際的な協力に積極的に参加する。 ・ケア，リハビリ，トレーニング計画を理解し，適用することができる。 ・認知症の人や家族と一緒に，日常生活を管理する能力に焦点を当てたリハビリという文脈で支援できる。 ・複雑化していないケアの場合には連携し，統一した介入のために分析し，支援することができる。
マネジャー／管理者／オーガナイザー	・一般市民を対象としたイベントを主導し，調整できる。 ・認知症の人やその家族と協力して，行った認知症施策の整理・実行・評価ができる。 ・専門的な指示を理解し，適用することにより，高いレベルで患者の安全確保に貢献する。 ・認知症の人に対して，いつ，どのように強制力を行使するかを解釈し，分析することができる。
ヘルスプロモーター	・認知症やその他の病気の初期症状を観察し，適切に報告する。 ・一般的な健康増進の取り組みが，どのように割当てられた活動に組み込まれ得るかについての知識を理解し，適用することができる。 ・認知症の人とその家族に対し，日常生活における健康づくりの指導を行う。
アカデミック	・自分や他者の実践を振り返るアプローチ ・自らの学びに対する共同責任（継続学習）
プロフェッショナル	・注意と誠意を持って行動すること。 ・法律，トレーニング，専門職として有するべき実践力計画を管理する。 ・ワークライフバランスを大切にすることができる。 ・認知症に伴う様々な倫理的ジレンマを理解し，対処することができる。

出所：https://dsr.dk/sites/default/files/50/kompetenceudviklingsplan_demensalliancen.pdf をもとに筆者作成。

がもたらす影響について理解し実践することが求められている。

　2つ目はコミュニケーターとしての役割である。認知症の人が有する記憶や認知の症状を理解したうえで，日常生活を観察し分析して解釈することができることを指す。そのために必要なツールを活用する。

　3つ目は，コラボレーションとしての役割である。専門職としての自らの役割を理解したうえで，認知症の人，家族と一緒に認知症の人の日常生活がうまくいくように，生活していく上で必要な能力に焦点を当てたリハビリを行う。その際に，統一した介入が必要となるため，ケア，リハビリテーション，トレーニング計画を理解，実行することが求められている。

　4つ目は，マネジャー／管理者／オーガナイザーとしての役割である。社会保健介助士（SSH）・社会保健介護士（SSA）は，目の前の高齢者だけでなく広く一般市民を対象にしたイベントを主導し，調整するという役割も担っている。また，デンマークは比較的短期間にさまざま認知症ケアに関する施策が実行されていくが，整理・実行・評価をする。何が求められ，どのように実践し，その結果どうであったのかを積み重ねていくことによって，社会保健介助士（SSH）・社会保健介護士（SSA）の分析力も向上しケアの高度化にもつながっていく。

　5つ目は，ヘルスプロモーターとしての役割である。認知症や他の疾患の初期症状を観察し，適切に報告したり，一般的な健康増進の取り組みが日々の活動の中にどのように組み込むことができるのか，認知症の人とその家族に対して，健康づくりの指導を行うことがある。

　6つ目は，アカデミックであること。生涯学習，継続教育など学びを続けることや，自分や他者の行っているケア実践を振り返るということがあげられる。

　7つ目は，プロフェッショナルであること。ここでのプロフェッショナルは単にケアスキルが高いことや，知識が豊富にあることを指すのではなく，仕事とプライベートのバランスを大切にして働くことも含まれる。また，法律，トレーニング，専門職として有するべき実践力について管理することや，認知症

表 5 - 4　DEMENS ABC

モジュール	基本的知識	困難事例への対応
1	認知機能障害	行動の変化と心理症状
2	脳のしくみ	挑戦的な行動への体系的アプローチ
3	認知症とその疾患	挑戦的な行動のためのツール
4	行動変容と心理症状	Inge（81歳）の【アルツハイマー型認知症】の事例
5	パーソン・センタード・ケア	Bente（75歳）【レビー小体型認知症】の事例
6	コミュニケーションと認知症	Jan（66歳）【前頭側頭型認知症】の事例
7	家族との協力	試験
8	認知症に優しい環境	
9	有意義な日常生活	
10	法律とジレンマ	
11	試験	

出所：https://videnscenterfordemens.dk/da/abc-demens-gratis-e-learning をもとに筆者作成。

ケアに伴う倫理的ジレンマを理解し対処することが求められる。

無料の e- ラーニング講座—— DEMENS ABC

　DEMENS ABC は，デンマーク認知症国立研究センターが有識者とともに共同で開発したオンラインのコンテンツであり，登録すれば誰でも無料で見ることができるものである。社会保健介助士（SSH），社会保健介護士（SSA），看護師，理学療法士，作業療法士，ペタゴーなどを対象としてつくられている。たとえば，基本的知識のコースはモジュール１〜10まであり（**表 5 - 4**），11番目の動画はテストになっており，モジュール10まで学習するとテスト動画が見られるようになる。この試験で合格点に達するとコース修了証明書が発行される。

　「困難事例への対応」のモジュールは，集中して学んでも１時間半かかるコンテンツであり，６モジュールとテストの計７モジュールで構成されている。基礎的知識を修了してから学習することが推奨されている。このほかにも医師向けのコンテンツや病院で働く人向けのコンテンツも用意されている。

　このような無料のコンテンツは，今わからないところを見るという方法が一般的であるが，DEMENS ABC は体系的に学べるようなしくみになっていることに，特徴がある。

実践をフォローアップするしくみ

　デンマークのプライエボーリやショートステイなどの高齢者サービスは，自治体による監査が，定期的に行われている。2021年 7 月からは，高齢者監査局から指示を受けたケアユニットにおけるフォローアップと学習プログラムが義務化された。これは，社会サービス法では，「第150条 c 項に基づく登録対象ユニットが，社会的ケアサービスの要件に関する命令，または第150条 d 項 1 号に基づく当該ユニットの社会的ケアサービスの全部または一部の運営の一時停止命令を受けた場合，登録対象ユニットは，国立保健委員会の高齢者尊厳ケア知識センターの出張チームによるフォローアップと学習プログラムを受けるものとする」と，定められている。

　つまり，不適切なケアやマネジメントが行われていることが監査によって発覚した場合に，プライセンターの自助努力ではなく，それを改善するための仕組みとしてフォローアップ・学習プログラムが法律上位置づけられたのである。出張チームはコンサルタントと呼ばれており，教育現場での経験が豊富な専門職で構成されている。

　この学習プログラムの内容は，すべてのプライセンターや在宅サービスを担うセンターに共通する必須プログラムと，センターからの要望や課題に応じてプログラムを組み立てるものとで構成されている。必須プログラムは，目的を明確にするために行われる「事前打ち合わせ」（4 時間），ユニットごとの課題やニーズに対応するためのこれからの計画について行われる「プレゼンテーションと企画会議」（4 時間）がある。この会議には，リーダーや自治体で高齢者サービスを統括する責任者も出席する。さらに，「パーソン・センタード・ケアに関するセミナー」（4 ～ 6 時間），ユニットの管理者に対して行われる「プロフェッショナル・マネジメントに関するセミナー（4 ～ 5 時間）」，プ

ログラムの最後に実施される「定着・評価セミナー」（4～5時間）がある。ここでは，何が学びとなったのかを振り返り，今後のケアにどう反映させられるのかについて考えていく。

　さらにプログラムには，実践的なフォローアップが含まれており，2～3日間ケアスタッフの様子をコンサルタントが観察し，指導を受ける。その他，マネジメントミーティングも2日間設けられており，リーダーが行っているマネジメントについて振り返り，課題をみつけるミーティングが行われる。これらのプログラムがすべて終了するのはおおよそ3～6か月である[23]。

　各プライセンターによって，ケアの質，文化，マネジメント，組織のあり方，課題は異なるため，それらを総合的に判断して，プログラムが組まれていく。上記にあげた必須の学習プログラム以外には，ケアスタッフの協力に関するセミナー，複雑な仕事であることを理解するセミナー，介護者（家族）の協力に関するセミナー，学際的な協力に関するセミナー，尊厳のあるケアを実践するセミナーなどがある。

　パーソン・センタード・ケアは，もはやケアスタッフが必ず実践すべき項目として要所に出てくる理論であるが，その実践を可能にする組織にしていくという点で，監査による総合的な義務的な指導は意義がある。高齢者に不適切なケアが提供されるようなサービスを提供しない，という自治体および国の管理責任があるともに，悪性の社会心理がはびこり，ケアの質の低下をもたらさないよう，そこで働くケアスタッフの能力向上という点でも一定の効果は見込まれる[24]。

5　福祉現場のキャリア形成

　キャリア形成は，就職先を見つけ職業を得たあと，自分の職業人としての人生をどのように形成するのかということであり，生涯学習ともとらえることができる。日本では，生涯学習というと"余暇"や"教養"というイメージが強いが，実際には「職業能力開発」のことを指す。筆者はこれまでデンマークで

表5-5　継続教育とキャリアの例

NO.	基礎教育	継続教育	現在の職種
A	看護師	ソーシャルディプロム	認知症コーディネーター
B	看護師	ペタゴー／リーダー教育	リーダー（プライセンター）／臨床アドバイザー
C	看護師	経営学	リーダー（プライセンター）
D	作業療法士	教育学／組織学	コンサルタント
E	SSA	リーダー教育	チームリーダー（プライセンター）
F	看護師	経済学／教育学	リーダー（プライセンター）
G	看護師	リスクマネジメント／教育学／開発学／病理学（修士）	リーダー（プライセンター）
H	看護師	管理職教育	リーダー（プライセンター）
I	SSH	SSA／ソーシャルディプロム	リーダー（認知症グループホーム）
J	准看護師	看護師／ソーシャルディプロム	認知症コーディネーター
K	看護師	リーダー教育／ソーシャルディプロム　マルテメオ研修	チームリーダー

出所：筆者作成。

さまざまな継続教育を受けたのちにプライセンターのリーダーになった人，認知症コーディネーターとなった人などと出会った。ここではその専門職の経歴をたどり，そのモチベーションの一つともいえる給与についても触れていく。

継続教育によりキャリアを重ねる

　表5-5のA～Kは，筆者がこれまでデンマークで出会った，継続教育を受けながらキャリアを重ねてきた実践者の一部である。デンマークの福祉現場でリーダーとは，施設長やセンター長のことを指す。多くのプライセンターのリーダーは，看護師の基礎資格を持っている。そして，経営学や組織学，リーダー教育などを経てリーダーとなっている。

　リーダーになりたかったというF氏は，その理由として，理念を共有できる仲間とともに実践したいという思い，そして組織の中で新しいことに取り組みたいと思っていたという。その根底には，そこで暮らす高齢者のために何か

したいということがあったのだという。

　G氏は看護師として病院で勤務していた。看護師時代にも継続教育を受けており，集中治療室の患者の口腔ケアについて学んだ。その後，リスクマネジメント，教育学，開発学を学び，大学院に進学して，病理学の修士課程を修了している。G氏もF氏同様，「リーダーになりたかった」と話している。なりたい像の一つにリーダーがあるのは，デンマークのケア現場において，リーダーが魅力のある仕事の一つということともいえるだろう。

　I氏は，もともと認知症グループホームに事務職して採用された。のちにもっと知識が欲しいケアに携わりたいと思うようになり，社会保健介助士（SSH）の研修を受けてケアスタッフとなる。さらに，自分自身のキャリアを重ねていくために，社会保健介護士（SSA）の研修を受けた。それからしばらく社会保健介護士（SSA）として働いていたが，認知症コーディネーターになるためにソーシャルディプロムを取得し，職場では認知症グループホームのリーダーとして働いている。

　K氏は，プライセンターに勤務する前は，国立病院の精神科で看護師として働いていた。働きながらリーダー教育を受けた。プライセンターのセンター長から「チームリーダーになりたいのなら，リーダー教育を受けていないといけないから，研修にいったらどうか」と声をかけてもらったのがきっかけだった。仕事をしながら通常1年間で終わるコースを2年かけて修了した。研修にかかる費用は，職場が負担した。また，試験などは自分の休暇を利用して受けた。

チームリーダーとしての仕事

　ケアスタッフからリーダー教育を受け，その後にチームリーダーという立場になると仕事はどのように変わるのだろうか。

　先に述べたK氏は自分の仕事について次のように述べている。

　チームリーダーは，シフトの作成からはじまり，高齢者やその家族への連絡，自分のチームにあらたにスタッフを採用する場合の面接も行う。スタッフ

を採用する際には，同じフロアで一緒に働く予定のスタッフがチームリーダーと一緒に面接する。事前にチームが今必要としているケアスタッフの能力を明らかにしておき，求めている人財をはっきりさせたうえで面接に臨む。先述した通り，チームとしての力を向上させていくことに重きをおいているため，チーム作りに必要となる人財をマッチングさせていく。このようなチームリーダーが採用に全面的に関わっているのは，デンマークのケア現場の特徴といえる。

　チームリーダーは，1年に1回スタッフと面談する。各ケアスタッフが6段階で仕事の自己評価をしたものを見ながら行う。この場面ではリーダーとしてスタッフに期待していることを伝えられるという場になる。面談の内容は記録に残すが，その時に取得を希望している資格や受けたい研修などについても聞く。

自治体の判定委員となるというキャリア

　D氏は，7年前から人口75万人の自治体で，ビジテーションというサービス支給の判定にかかわる仕事をしており，この部署のリーダーである。ここではホームヘルパー，福祉機器，住み替えなどを取り扱っている。20年前まで作業療法士をしてきたが，自分の専門を活かして別のキャリアを歩んでみたいと思い，新たな継続教育を受けたという。ビジテーションという部署には，作業療法士のほかに看護師と理学療法士が配置されているが，2001年以前までこの部署で判定にかかる仕事ができるのは看護師のみであったという。D氏は，法学に関する継続教育と判定委員の教育を合わせて2〜3年受けた。なお，この間に6か月の現場実習が含まれている。

　デイホームやホームヘルプのサービス量は判定委員が決定する。一人ひとりの判定委員が専門的知見によって判断するため，改めて委員会などが開かれて審議されることはない。どのような判定をするのかの全国基準のチェックリストがあるため，それに基づいて行われている。ただし，社会サービス法では数字に判定を頼ってはならないと示されているため，あくまでも基準としてみる

ことになっている。また，D氏は住宅判定委員会とともに，プライセンターに移動する場合の総合判定を行っている。認知症の人が一人で生活するのが困難になっている場合に，近隣住民からの苦情や心配が寄せられるが，自治体は市民に「住む権利」があることから，そのことを受け付けることはない。本人の申し出か，認知症のなどの場合には裁判所の決定による。

　彼女は2019年に救急と自治体の連携に関するリーダーシップ賞を受賞した。その内容とは，高齢者の入退院のスピードが速すぎるため，必要な高齢者の情情報伝達がうまくいかないことが多い，という課題を解決するためのしくみをつくったことである。市民が何を必要としているのか，情報共有を速やかに行えば，最良の方法で退院させることができ，再入院を避けることにつながる。そこで，病院から自治体の看護師に直通で電話がくるようにし，患者の情報提供をするようにした。自治体が患者である高齢者を知っていれば，その人がどのようなケアが必要なのかを教えられる。そうすることで，病院は入院中の患者に最善のケアと治療を提供することができる。そして，患者が退院するときには，病院は自治体に連絡し，分かったことと予防を含めて，自治体が患者のために在宅で行うべきことを伝えることができる。⁽²⁵⁾

　このようなしくみが評価され病院と自治体のリーダー双方が評価を受けた。キャリアは，このように積み上げていくことも可能であるという一例であるが，ここでも，継続教育によってそれが可能となることが垣間見える。

給料と資格

　ケアスタッフの給料は，組合で協議されているが，基本給は受けた教育のレベル（資格）と実務経験の年数により決まる。FOA は，新しい労働協約が結ばれるたびに，基本給と一般的な給与の引き上げを交渉する。ケアスタッフの給与は，基本給のほかに，いくつかの手当で構成されている場合があり，それらは労働協約で合意されているか，または雇用主と事前に合意されている場合がある。また，給与はある程度，個別に交渉することができる。

　基本給は俸給表に定められており，公表されている。全国を４つの地域に分

けて基本給を定めている。ここでは，コペンハーゲンに住んでいるケアスタッフの給与に限定して2022年10月時点の例を示す。[26]

①　社会保健介助士（SSH）の給与

社会保健介助士（SSH）は，基本給が18等級からはじまる。金額は，年間で308,391DKK（約580万円）である。4年目には20等級となり，年間で316,648＋1,000DKK（約600万円）が支払われる。さらに11年目には，26等級まであがり，344,114＋1,500DKK（約650万円）となる。

②　社会保健介護士（SSA）の給与

社会保健介護士（SSA）の基本給は，23等級から始まる。金額は年間で330,098DKK（約630万円）となる。4年目になると27等級になり，348,945DKK（約580万円）となり，10年目には，31等級になり，年間369,093DKK（約700万円）が支払われる。

他に支払われる手当等もあるが，ここで述べておきたいのは，受けた教育と実務経験によって給料があがっていくことが公表されており，そのことはケア現場で勤務する者のモチベーションにもなる。マネジャーや認知症コーディネーターなどの仕事をする人は社会保健介助士（SSH）・社会保健介護士（SSA）よりも高度な教育を受けているため，必然的に基本給が高くなる。このような専門性と給与の関係が明確になっているため，ケアスタッフは継続教育に前向きに取り組むことができるし，どのような専門性を身につけてどのような役割を担う福祉人財になりたいのかを描きやすい構造になっているのである。

＊本章の内容は JSPS 科研費 JP19K02282の助成を受けた成果の一部である。

注

(1)　みずほ情報総研株式会社（2011）「第Ⅱ章　デンマークにおける ICT の活用による生涯学習支援」『平成22年文部科学省委託事業 ICT の活用による生涯学習支援事業（国外における実態調査）報告書』39-51.

(2)　https://esdhweb.ucl.dk/D221863724.pdf?_ga=2.262298190.319165204.166713

674597413109.1667136745（2022.12.10閲覧）.

(3)　山梨恵子（2010）「デンマークの認知症ケアシステムに学ぶ　低コスト・良品質・ユーザー本位の知恵と工夫」『ニッセイ研究所 REPORT』12-21.

(4)　生井久美子（2000）『介護現場で何が起きているのか』朝日新聞社.

(5)　コムーネとは，市のことを指す。デンマークでは，2007年1月に地方自治体の構造改革が行われ，271のコムーネは98に統合され，14のアムト（県）は，5つの地域に再編された。

(6)　「認知症コーディネーター」と「認知症コンサルタント」という2つの言語によって語られており，明確に役割を分けているわけではない。社会省の報告書によれば，1999年より行われている認知症にまつわる日々の職務における関係者間の役割分担や協力関係を明確・明瞭にするためにはじめられた「協力モデル」での責任者として「認知症コンサルタント」と称する役職を設けると記載されている。

　　　また，筆者の現地でのヒアリングによると，「認知症コンサルタント」は教育課程上の名称で，自治体での職務名は「認知症コーディネーター」とすみ分けている場合と，Grave（グレーブ）での2005年のヒアリングでは，コーディネーターは，社会保健介助士（SSH）や社会保健介護士（SSA）へのケアに関するアドバイスをする者で，コンサルタントは市民と家族への支援を主としてコーディネーターのまとめ役であるとの説明を受けた。

(7)　医療経済研究機構（2011）「Ⅱ.分担研究報告　2.認知症の知己包括ケアをめぐる理念・課題・政策動向に関する国際比較研究　デンマーク」『認知症ケアの国際比較に関する研究総括・分担報告書』73-92.

(8)　(3)と同じ.

(9)　2005年9月認知症コンサルタント養成校でのヒアリングによる.

(10)　汲田千賀子（2011）「第Ⅲ部 デンマークの福祉実践からの学び 第11章認知症も怖くない地域ケア──そこに専門職がいた」21世紀の「在宅とケア」研究会編『デンマークの選択・日本への視座』112-123.

(11)　2010年3月に行った ASSENS（アッセンス）での認知症コーディネーター2名へのヒアリングによる.

(12)　権力の行使とは，身体拘束や強制的な移動（引っ越しなど）のことを意味する。

(13)　村嶋幸代・ホーレンナー，L.（2000）「Ⅵ 海外に学ぶ 1.デンマークにおけ

る痴呆性老人への対応」『OT ジャーナル』34, 594-597.

（14） IngerStenstrørnRasmussen,CharlottleHorsted,MarieHolmg aard Kristiansen 2007 Samlevende med demente - En analyse af otte interviews om hverdagen med en demens ramt,Servicestyrelsen.

（15） Johanson, J.（2002）. Fra beskæftigelseslejr til moderne AMU-Center - historien om AMU Hoverdal（http://www.hoverdal.dk/Generel/historie.htm）.

（16） Ringsted, M.（2002）. „AMU i en brydningstid." Uddannelse,（9）. Retrieved from（http://udd.uvm.dk/200209/index.htm?menuid=4515）.

（17） Folketinget（1984）. Forslag til folketingsbeslutning om et 10 punkts program for voksenundervisning og folkeoplysning. Beslutningsforslag nr. B 114, fremsat den 4. april 1984 af Ole Vig Jensen（RV）, Bilgrav-Nielsen（RV）, Estrup（RV）og NielsHelveg Petersen（RV）.

（18） Undervisningsministeriet（1989）. Lov om voksenuddannelsesstøtte, Lov nr. 336 af 24. maj 1989. København: Undervisningsministeriet.

（19） OECD（2001）Thematic Review on Adult Learning: Denmark.Background Report. Paris: OECD.

（20） Lov om ændring af lov om åben uddannelse（erhvervsrettet voksenuddannelse）m.v.（1999）（https://www.retsinformation.dk/eli/ft/199912L00251）（2022.12.10 閲覧）.

（21） OECD（2001）Thematic Review on Adult Learning: Denmark.Background Report. Paris: OECD.

（22） Norden（2011）Effektive strategier for livslang læring i de nordiske land （https://nck.au.dk/fileadmin/nck/BNP/Effektive_strategier_for_livslang_ laering_i_de_nordiske_lande.pdf）.

（23） Evaluering af opfølgnings-og læringsforløb i plejeenheder, der har modtaget et påbud（https://www.sst.dk/da/Vaerdighed/Udgivelser-cases-og-film/2022/ Evaluering-af-opfoelgnings--og-laeringsforloeb-i-plejeenheder_-der-har-modtaget-et-paabud）（2022.12.11閲覧）.

（24） 悪意がなく無意識に行われるもので個人の価値を低める行為のことを指す。トム・キットウッドは，怖がらせること，後回しにすること，急がせること，子ども扱いすることなど計17個の具体的な行為を挙げている。

（25） https://www.regionh.dk/til-fagfolk/uddannelse/tvaersektoriel-kompetenceud

vikling/nyheder/Sider/Vinder-af-lederprisen.aspx（2022.12.12閲覧）.

(26) Lønmagasin Kommunalt ansatte – gældende pr. 1. oktober 2022-1.april 2023
（https://www.foa.dk/raad-regler/i-job/loen/loentrin-loenmagasin）
（2022.11.13閲覧）.

参考文献

Demenskoordinatorfunktioner og – kompetencer（2018）（https://www.demens-dk.
dk/WordPress/wpcontent/uploads/2018/10/Demenskoordinatorfunktioner-og-
kompetencer-Endelig.pdf）（2022.12.10閲覧）.

Effektive strategier for livslang læring i de nordiske lande（2011）
（https://nck.au.dk/fileadmin/nck/BNP/Effektive_strategier_for_livslang_laering_
i_de_nordiske_lande.pdf）（2022.10.15閲覧）.

Forslag til folketingsbeslutning om et 10 punkts program for voksenundervisning
og folkeoplysning. Beslutningsforslag nr. B 114, fremsat den 4. april 1984 af Ole
Vig Jensen（RV）, Bilgrav-Nielsen（RV）, Estrup（RV）og Niels Helveg Petersen
（RV）.（https://www.ucn.dk/om-ucn/organisation/organisation/historie）
（2022.12.2閲覧）.

（https://www.regionh.dk/til-fagfolk/uddannelse/tvaersektoriel-kompetenceud
vikling/nyheder/Sider/Vinder-af-lederprisen.aspx）（2022.12.12閲覧）.

KOMPETENCELØFT PÅ DEMENSSOMRÅDET 2016–2020（2016）（https://dsr.
dk/sites/default/files/50/kompetenceudviklingsplan_demensalliancen.pdf.）
（2022.12.10閲覧）.

STUDIEORDNING for Den sociale diplomuddannelse（2019）（https://www.ucsyd.
dk/files/inline-files/Studieordningen%20for%20Den%20sociale%20
diplomuddannelse%202019.pdf）（2022.10.18閲覧）.

STUDIEORDNING for Akademiuddannelsen i Ledelse（AU）（2019）（https://www.
cphbusiness.dk/media/80048/au-i-ledelse-studieordning–010119.pdf）（2022.12.1
閲覧）.

デンマークから学ぶ福祉・介護政策への示唆と展望

・・・

　ここまでデンマークの高齢者ケアを，①包括ケアシステムの確立，②ケアの高度化の理念と技術，③教育プログラムの視点から論じてきた。このようなデンマークの高齢者ケアシステムは，どこの地方自治体でも普通に実践されており，ケアの高度化の取り組みが教育プログラムとして確立し，介護の専門学校でも普通に行われているのであろうか。

　日本の地域包括ケアの制度やしくみ，ケアの教育プログラムは，デンマークとそう違わないという声をよく耳にする。しかし，違うのである。筆者は，その違いを3点に集約してみた。

　第1に，徹底した地方分権（高い税率）と自治（高齢者委員会）の確立である。デンマークの福祉国家は，「高福祉高負担」で体現されている。

　第2に，実効性のある社会サービス法（1998年）と高齢者・障害者住宅法（1987年）の存在である。

　第3に，ケアの高度化の人財育成の教育プログラムの普遍化である。

　なお，本章では，「人材」（human resource：仕事をこなすために必要な人的資源）という概念ではなく，「人財」（human capital：投資を行うことによって価値が高まっていく人的資本）という概念を用いることにする。

　そして，これらの認識を基に，本章では以下の論点を考察してみる。

　①　ケアの高度化による福祉・介護人財確保と，中核的人財の養成の必要

　②　ケアの高度化に不可欠な人工知能（AI）とデジタル化の意義と現場への導入の促進方策の提示

　③　地域包括ケアの要である，介護保険制度のトリレンマからの脱出方策に

ついて考える

④ 包括的相談支援を中心とする，重層的支援体制整備事業の社会実装の提示

1 「ケアの高度化」による福祉・介護人財確保への道程

逼迫する介護人財確保の現状と課題

日本では，2025年には団塊の世代の高齢化が深刻となる。また，少子高齢化が年々進み，生産年齢人口の減少が顕著になってきているため，医療・福祉・介護・子育て支援分野の働き手は確実に減少し，人手不足と人財確保の問題が顕在化してきている。特に介護分野の人財不足の背景には，介護職員の低賃金（安すぎる介護報酬単価）や過重労働，介護保険制度の財政難などの制度的な問題が横たわっている。

他方では，社会が複雑化し予測不可能な時代において，医療・福祉・介護・子育て支援のニーズが増大しているのも事実である。その意味では，これらの領域はニーズや需要が拡大しているので，成長産業であるともいえる。このギャップをどう埋めていくかが問われているのである。

いま，政府・自治体はこうした状況を背景に，地域包括ケア，生活困窮者自立支援，重層的支援体制整備事業という政策を打ち出し，その実践や取り組みも進めているが，地域的に取り組みの温度差が見られる。こうした中で，介護を受ける側の自立を支援すること，また介護をする側の負担を軽減することの双方が，ますます重要となってきており，介護福祉士には，介護福祉職の中でも中核的な役割が求められている。

2025年には38万人の介護人財の確保が必要であると示され，[1] 2021（令和3年）に多様な人財の確保に向けて，介護分野への入門的研修の実施に関する基本的な事項が定められた。具体的には，介護人財のすそ野を広げ，介護分野に参入した人財が，意欲・能力に応じてキャリアップを図り，各人財が役割を適切に担っていくことを目指したのである。介護分野における介護職として従事

している介護福祉士は，登録者数は2021年9月末時点で，1,813,281人となっており，介護職員の約4割を占めている。

　今後，介護サービスの利用者がさらに増していく中で，利用者のニーズは複雑化・多様化・高度化していくことが見込まれ，限られた人財の中で，利用者の対応をしていかなければならない。それぞれの介護職の有する知識・技術を効果的・効率的に活用しつつ，施設及び在宅において介護職などがチームで関わっていくことが求められる。こうしたことを踏まえると，その中でリーダーを担う者が必要であり，その役割を担うべきものとして，介護福祉士の中でも一定のキャリアを積んだ（知識・技術を修得した）介護福祉士が適当であるとし，今後の介護福祉士の役割が期待されている。

　厚生労働省は，2019年9月に福祉人材確保に向けた取り組み[2]として，①介護職員の処遇改善（リーダー級の介護職員について他産業と遜色ない賃金水準），②多様な人財の確保・育成（入門的研修受講者等への更なるステップアップ支援），③生産性の向上（介護職機能分化・多職種チームケア等の推進，介護ロボット・ICT活用推進の加速化），④メディアによる積極的情報発信（介護職の魅力などの発信），⑤外国人財の受入れ（「特定技能」等外国人介護人財の受入環境整備）の対策を提示した。

　しかし，現状では，生産性の向上については，まだまだ介護ロボットの普及は少ない。スライディングシートやボードの使用は増えてきているように見えるが，介護ロボットやICT活用についてはまだまだ普及は乏しい。外国人労働者については，今後は，「特定技能」等外国人介護人財の受入環境整備（介護技能向上のための集合研修，介護の日本語学習支援，介護業務等の相談支援・巡回訪問の実施等）を行っていくと示しているが，近年の円安および新型コロナウイルス感染症（COVID-19）が，外国人労働者の獲得に影を落としている。

　米ドル換算の賃金は過去10年で4割減り，アジア新興国との差は急速に縮まっている。建設や介護など人手が必要な業種で「日本離れ」が始まっている。労働力確保には魅力ある就業環境の整備が急務である。

福祉・介護人財の中核的リーダーの養成——まんじゅう型から富士山型へ

　ここでは，本書を通底する「ケアの高度化」の理念に関する考え方を再掲し，要約して記しておこう。本書第1章第3節で述べている「ケアの高度化」の要点は，①安心した老後生活のためには，どんな状態になったとしてもその受け皿を作っておくこと，②それを社会のシステムのなかに組み込んでいくこと，③そうした社会的コンセンサスをもとに，政策・制度を整備し，財政・財源が確保された状況のなかで，居住環境を整え，専門的人財によってケア実践が可能となるしくみの形成ということである。

　この考え方を基底にして，厚生労働省が示した「2025年に向けた福祉・介護人材の確保(3)」は，①持続可能な人財確保サイクルの確立，②介護人財の構造転換（「まんじゅう型」から「富士山型」へ），③地域の全ての関係主体が連携し，介護人財を育む体制の整備，④中長期的視点に立った計画の策定，の4つの考え方に立って構成されている。

　①持続可能な人財確保サイクルの確立においては，「参入促進」「労働環境・処遇の改善」「資質の向上」という3つのアプローチによる具体的な方策が示された。②介護人財の構造転換においては，これまでの「まんじゅう型」から「富士山型」の構造転換を図ることが必要として，そのために「すそ野を広げる」「道を作る」「長く歩み続ける」「山を高くする」「標高を定める」など対象とする人財のセグメントに応じたきめ細やかな方策が必要であるとしている。③地域の全ての関係主体が連携し，介護人財を育む体制の整備においては，①②における方策を支えるための地域の関係主体におけるそれぞれの役割について記載されている。職能団体の役割も明示された。④中長期的視点に立った計画の策定では，2025（平成37）年に約30万人の介護人材が不足するとの見通しを設定し，サービス見込み量の確定値に基づく介護人材需給推計の最終値の確定と，その数値を踏まえた具体的な目標設定による，地域医療介護総合確保基金等を活用した都道府県の「参入促進」「労働環境・処遇の改善」「資質の向上」に資する施策の立案などの取組みを進めることが重要であるとの示唆がなされている。

　介護福祉士の役割が期待される中，現在の介護福祉士は人手不足，高度な介護職の人財不足の中で疲弊している。以降その原因を探っていく。介護労働安定センターの「平成29年度介護労働実態調査」によると，介護職員（施設等）の正規職員の比率は61.0％で，非正規職員は39.0％である。訪問介護員でみると，正規職員が30.3％，非正規職員が69.7％と訪問介護系職場の非正規職員比率が7割と非常に高率である。そのためか，人財育成への取組み状況では，「教育・研修計画を立てている」が訪問介護員非正規職員および介護職員非正規職員において低い傾向が見受けられる。

　この調査結果を受けてか，厚生労働省では，2017年に「求められる介護福祉士像12項目」が改められ，「求められる介護福祉士像10項目」に高い倫理性がプラスされた。介護過程の展開において養成校や実務者研修を受講したものは学習しているが，実務経験で介護福祉士を取得したものは学習していない比率が高い。今後，介護過程の展開が求められることになると，学習する環境を整える必要がある。介護過程の展開は実務者研修の内容に含まれているため，実務者研修受講の必要性があると考える（**図6-1**）。

　こうした介護人財の「まんじゅう型」から「富士山型」への転換は，社会福祉分野の人財育成にも同様のことがいえる。日本ではソーシャルワークの国家資格（社会福祉士）制度が成立し，医療や福祉，介護の現場に社会福祉専門職として配属されて久しいが，いまだ現場での仕事の評価や社会的認知度は低い。その理由を，現場を取り巻く環境の変化や制度改編の速さ，福祉課題の複雑化等に帰する論評が多い。

　だが本質的な問題は，ソーシャルワーク教育そのものの変質にあるのではないか。目まぐるしく制度が変わり，他の専門職との業務連携の機会が増すごとに，対象者の当面の問題解決を目標とするあまり，結果主義の技術教育に流れがちではないかという疑問である。もちろんソーシャルワークの援助技術や支援方法は重要である。しかし現在のソーシャルワーカーは，それぞれの施設や機関に所属して，その法律や制度，提供できるサービスの中で仕事を実行することが第一義となっている。したがって，所属を超えて連携することが難しい

図6-1　福祉介護人財の構造転換

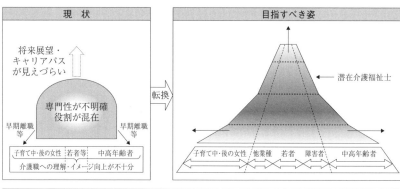

参入促進	1. すそ野を広げる	人材のすそ野の拡大を進め，多様な人材の参入促進を図る
労働環境・処遇の改善	2. 道を作る	本人の能力や役割分担に応じたキャリアパスを構築する
	3. 長く歩み続ける	いったん介護の仕事についた者の定着促進を図る
資質の向上	4. 山を高くする	専門性の明確化・高度化で，継続的な質の向上を促す
	5. 標高を定める	限られた人材を有効活用するため，機能分化を進める

国・地域の基盤整備

出所：第4回社会保障審議会福祉部会，福祉人材確保専門委員会「介護人材の確保について」（平成27年2月23日）より。

のが現実である。

　現代社会における福祉ニーズの事象（リアリティ）は，現実の社会保障や社会福祉制度および，ソーシャルワーク援助や支援ネットワークから漏れ，困窮し，不平等を感じている生活困窮者といわれる人々の生活全般に表れている。「制度の狭間」に陥った人が，「ソーシャルワーク相談・支援の狭間」に陥らないように，ソーシャルワーカーがその所属する組織を超えた連携の役割やスーパービジョンが重要になってきている。

　8050問題など，複雑化する生活困窮者のニーズに応えることがソーシャルワーカーに求められている。これらの障壁をいかにして乗り越えていけるかがソーシャルワーカーの力量に求められているといえる。

デンマークから学ぶ福祉・介護人財の機能とキャリアパス

　厚生労働省「福祉・介護人材確保対策について」（2019年）によると，2025年には約55万人の介護人財を確保する必要があるとし，介護人財確保の目指す姿として，介護人財のすそ野の拡大を進め，ケアの高度化のための専門性の高い人財を求める「富士山型」への量的・質的人財の養成に注力する必要を示している。

　それでは，「福祉・介護先進国」のデンマークの人財確保の現状はどうなっているのであろうか。デンマークでは24時間体制の在宅ケアに力を入れている。職員が昼夜を問わず夜中や明け方でも訪問して，利用者の寝返り介助，排せつ介助などを行う。この支援体制を支えているのは豊富な人財である。デンマークの介護人財養成専門学校では，学生たちがデジタル化を応用した高度なケアを学びながら，公務員として給料をもらい現場で活躍している。また，介護職員や医師，看護師，PT，OTの多くは原則公務員なので待遇も安定していて，低賃金などによる人財不足の問題は生じていない。

　それに比して，日本の介護職の平均年収は全産業平均よりも100万円以上少ないというが[4]，それはなぜか。介護支援情報サイト『KAIGO LAB』を運営している酒井穣氏によれば，介護職員の安い待遇を生み出している主な原因は，介護サービスに対して行政が設定している，安すぎる介護報酬単価と，経験豊富な介護職と新人の介護職が提供するサービスの利用料を原則同じにしていることにあるという[5]。

　介護職に対する強い「ネガティブなイメージ」が人財不足の原因と言われて久しい。介護の仕事は，一般的に「きつい」「大変」だという印象がぬぐいきれていない。介護職に対するこれまでの労働や仕事に関するアンケート調査では，「社会的に意義のある仕事」や「やりがいのある仕事」というポジティブなイメージを持つ人は多いものの，同時に，「体力勝負の"きつい"仕事」「排せつ介助など"汚い"仕事」「腰を痛める，集団感染するなど"危険"な仕事」という3Kのネガティブなイメージを持つ人も少なくない

　前述の酒井氏はそれを踏まえた上で，日本の介護職もデンマークのように公

務員か準公務員にすべきであると提案する。これに関しては，筆者も同意見である。介護職の給料は原則，介護保険制度の枠内で位置づけられている。つまり，政府によって介護サービスの報酬単価が決められている。つまり，介護報酬の設定の仕組みは，介護費用の原則１割を利用者が負担しており，残り９割のうち半分は40歳以上が支払う保険料，半分は国や自治体による公費で賄っている。

そして，３年の一度の介護報酬の改定により，サービス内容に応じて利用者負担は増えるか，減るかが決められることになる。したがって，現行の介護保険制度の枠内では，介護報酬のプラス単価で介護職の報酬が決められる構造になっている。この介護職の賃金向上に関しては，後述の介護保険制度のトリレンマ脱出方策で，介護現場の待遇面を含めた現状改善策を提案したい。

2 「ケアの高度化」に不可欠な人工知能（AI）とデジタル化

日本の福祉・介護現場で取り組みが遅れる AI とロボットの導入

見てきたように，福祉・介護現場の人手不足や人財難を解消するためには，福祉・介護現場の魅力を「見える化」する努力が求められる。そのためには大きく二つの課題がある。

一つは介護職員が介護の現場で高齢者と向き合う時間を増やし，専門性を生かしたケアを通じて働きがいを醸成することである。しかし，現場では自治体への報告事項の事務処理など間接業務が多く，本来業務の妨げになっている。自治体の協力を得ながら，事務処理を簡素化，軽減するとともに，現場実務のIT 化を促進することが急務である。

二つめは新しい技術の導入と規制緩和である。施設，在宅における見守りセンサーのほか，体位変換，移乗などケアを支援する新しい技術が多く開発されている。[6]

福祉・介護現場における AI や介護ロボットの導入は，良く知られるように介護業務の生産性の向上が強調されるが，それだけではない。AI や介護ロ

ボット等新技術への対応が入所者と介護者のケアへの満足度を高める（本書の主テーマで言うところの「ケアの高度化」への寄与を意味している）。

2019年に厚生労働省が出した，介護サービス利用者と介護現場のための「介護現場革新会議基本方針[(7)]」では以下の３つを示している。

①　人手不足の時代に対応したマネジメントモデルの構築：介護現場における業務を洗い出した上で，業務の切り分けと役割分担等により，業務整理することや，周辺業務を地域の元気高齢者等に担ってもらう。

②　ロボット・センサー，ICTの活用：ロボット・センサー，ICTを用いる。

③　介護業界のイメージ改善と人財確保・定着促進：介護人財の定着支援や，新規介護人財の確保をしてもらう。

実態調査でみる AI・デジタル化

介護労働安定センター「介護労働実態調査[(8)]」（2019年）によると，介護保険制度の施設系の介護ロボットの導入は，「見守り・コミュニケーション（施設型）」が3.7％と最も高く，次いで「移乗介助（装着型）」が1.6％，「介護業務支援」が1.4％，「入浴支援」が1.2％となっている。一方，「いずれも導入していない」は75.6％というように介護ロボットの普及率は低く，いまだ浸透していないのが実状である。

さらに訪問系になると，「いずれも導入していない」が80.8％，施設系（通所型）が80.1％と８割を超えている。介護ロボット導入がなされていない理由は，多い順に，「導入する予算がない」，「清掃や消耗品管理などの維持管理が大変である」，「技術的に使いこなせるか心配である」，「投資に見合うだけの効果がない」，「設置や保管等に場所をとられてしまう」など導入経費，技術面，施設内のスペースといった経営努力や技術習得の機会のなさに起因している。

これらの結果からみると，導入にはまだまだ時間かかりそうである。そうこうしているうちに介護現場の疲弊の進行が懸念される。日本の介護制度は重大な局面を迎えている。生産年齢人口が大幅に減少する一方，介護を必要とする高齢者の増加に伴い，2040年度には介護人財を2019年度から約69万人増やす必

要があると推計されている。福祉・介護分野における AI・デジタル化と人間の協調を急がなければならい。それでは，北欧のデンマークでは，AI やデジタル化の状況はどのようになっているのだろうか。

デンマークの福祉・介護現場のデジタル化

　北欧のデンマーク政府は，新型コロナウイルス感染症（COVID-19）のリスクで早期にロックダウンを行い，IT を活かした早急な経済支援などを実施し，国民から絶大な信頼を得ている。現在，世界で最も電子政府のプロジェクトが進んでいる国の一つはデンマークである。デンマークでは2000年代から本格的に情報基盤形成に着手し，2010年代に構想がまとめられた。行政サービスは政府・自治体連携のクラウドを基盤に情報連携が行われ，市民ポータル（インターネットにより市民と市役所や学校をつなぐサービス）が重要な役割を担っている。

　現在では AI など，さらなるイノベーション（技術革新）導入にも，積極的に取り組んでいる。情報処理推進機構（IPA）の調査によれば，米国，カナダ，英国，ドイツ，フランスでは IT 人財が行政や非 IT 企業にも多く雇用されているが，日本では72％以上が IT 企業に在籍し，集中している。そのため，日本では行政や非 IT 企業においてシステムを整備しようとすると，計画立案から調達計画まで IT 企業への依存度が高い構造になってしまう，と行政デジタル化の遅れを指摘している[9]。

　前述したようにデンマークには社会サービス法が存在する。デンマークのプライエボーリや高齢者住宅で多用されている福祉機器や福祉用具などの活用の根拠は，この社会サービス法の福祉用具（第112条）に基づいている。紹介してみよう。「コムーネ議会は，身体的，精神的機能能力が継続して低下した人に以下のような状況が見込まれるときに，福祉用具の供給を支援しなければならない」とあり，①福祉用具が，機能能力の低下が大いに緩和するとき，②福祉用具が，自宅における日常生活を大いに容易にするとき，③利用者が就業時に福祉用具を必要とするときとある[10]。

ケアの高度化に不可欠な AI と人間の調和

　米テスラのイーロン・マスク最高経営責任者（CEO）は，人口減少への危機感を訴え，電気自動車（EV）やロケットに続き，ヒト型ロボット「テスラ・ボット」に挑む意図を述べている。身長173センチメートル，体重57キログラム。20キログラムの重量物を持ち上げ，危険労働や単純労働から人類を解放する（『日本経済新聞』2021年12月 7 日）と主張している。

　また，作家の藤原正彦は，人間と AI の最大の違いは肉体か機械かと本質的な議論を投げかけている。人間の肉体は，37兆という膨大な数の細胞が無数のバリエーションを持つ体験を重ね，惻隠（弱者への同情，共感，涙），孤独，懐かしさ，別れの悲しみ，もののあわれなど深い情緒を有するに至ると述べ，その情感はすべて有限な時間の後に朽ち果てる，という絶対的宿命に起因していると指摘する。反面，「死なない AI」は文学や芸術を創作できない。ゆえに「人間は死により，AI に対して絶対的優位に立っている」と評し，AI は高度な創造ばかりか，ウェイトレスのような労働にも不向きであると断じている。[11]これらの言説の言わんとするところは，AI はいずれ人間の労働のほとんどと置き変わり，人間の労働を駆逐するのかという問いにも通じる。

　また，この主張は，人口減少化のなかでもデジタルの力で，社会問題を解決できるだろうか，という本質論を問うているように思われる。世界各国で見られる IT 見本市においては，ヘルスケアや環境，生産性の向上に役立つ技術や解決手法が提示されている。コロナ前に比べると規模は一回り小さくなったが，紹介されるテクノロジーは巨大仮想空間のメタバースから，最先端の部品まで多様性に富む。また健康関連や医療・福祉・介護分野への機器の展示が増えているのも特徴的である。

　その中で共通する考え方は，労働の意味そのものの転換が求められているということである。国際労働機関（ILO）は2018年，AI の急速な進歩が雇用喪失と不平等の拡大をもたらすことを危惧する声明を発表した。AI の発展で先進国の中間所得層が縮小し，経済成長を妨げかねないとの見解を示し，将来，中間所得層への所得再分配政策の是非が問われるかもしれないと警告している。

同時に為政者と労使による正しい措置により，悲観的な未来は回避できるとも唱えた。たとえば，医療や福祉・介護の領域における AI やデジタル機器（ロボットなど）の活用で人間の多くの労働は奪われるが，対人コミュニケーションを AI が代替することは難しいとも述べている。⁽¹²⁾

　世界中の人々が容易につながる時代に人間が発揮できる最も偉大な能力はコミュニケーション力である。定形的な仕事は，医療や福祉・介護の領域における AI やロボットなどのデジタル機器（ロボットなど）は，マニュアルな仕事であれ，分析的な仕事であれ，いずれ人から仕事を奪っていくであろう。定形的な仕事の特徴は，教育現場において詰め込み教育を受け，混沌とした未来へ向かう子どもたちの将来は明るいとは言いがたい。これからの医療や福祉・介護の領域においても，AI やデジタルと人が協調し，人が主体性を持ち，他者とのコミュニケーションの中で新たな世界を創出する能力（創造的な仕事）が求められる。

　こうした考え方に共感し，すでに多くの高齢者施設や障害者施設において，たとえば装着型の HAL® 介護支援用（腰タイプ）を導入し，活用を定着させている事業所もある。また，コミュニケーションロボットを導入し，レクリエーションはロボットが行っているという施設もある。すなわち，定形型の業務はロボットなどに任せる等，介護スタッフは AI やロボットを活用した，人間でできる介護を行う仕事を創造していくことが，今後は求められていく。人間でできる介護とロボットでできることを明確化し，限られた人財で効果的・効率的に介護を提供していかなければならない。

　導入までの取り組みとして，まず，ロボットを扱う事業所による勉強会の機会を設け，操作方法やメリット，デメリットを確認し，お試し利用するという方法から開始することが第一歩ではないかと考える。また，AI やデジタル化を推進する社会福祉法人には，クラウドファンディングなどを活用して，企業・自治体・金融機関・利用者の投資を促し，ケアの高度化を実現し，スタッフの人件費の上昇にもつなげることが可能となるのではないか。

3　介護保険制度のトリレンマ脱出法

介護保険制度は大きな曲がり角に

　日本の地域包括ケアの要は何と言っても公的介護保険制度（以下，介護保険制度という）である。その介護保険制度導入（2000年）後，22年が経過する中で，日本の介護保険制度は大きな曲がり角を迎えている。介護保険給付費は超高齢の進展によって膨張を続け，国や自治体の財政を圧迫している。自己負担分を含めた費用の総額は2018年度で10兆4319億円。10年前に比べ５割増えた。40歳以上が負担する保険料も右肩上がりである。

　特に，制度開始直後の要介護１以下の軽度の要介護認定者の増加は著しく，2000年度の対比で，3.59倍となっている（2018年度介護保険事業状況報告）。デフレ下における介護保険対象者の拡大（要支援１・２）により徐々に介護保険財政を圧迫し始めるに至った。

　現行の介護保険制度が抱える問題の要点を整理すると，①政府は介護保険総給付額を抑制したい，②保険者の自治体は特に第１号被保険者の保険料の負担を抑えたい，けれど，③介護現場の人手（人財）不足という事態は避けたいというものである。

　まず，これらの事象の実情を見てみよう。まず，介護保険財政の給付費は高齢化の進展によって膨張を続け，国や自治体の財政を圧迫している。直近の2020年度の厚生労働省「介護給付費等実態統計」によると，介護保険給付や自己負担分を含めた介護費用は，要介護認定を受けて利用する介護サービスが前年比2621億円増の10兆5078億円，状態の軽い要支援認定を受けた人が主に利用する介護予防サービスが同67億円増の2705億円となり，両サービス合計で2688億円増の10兆7783億円となった。

　次いで，保険者（自治体）の第１号被保険者の保険料は３年に１度の改定がなされる。それも年々値上がりしている傾向にある。厚労省は65歳以上が払う「第１号」の保険料の見直しを目指す。現在は市町村ごとの基準額をもとに，

所得に応じて0.30〜1.70倍にする9段階の設定になっている。2022年時点では，全国平均の基準額は月6,014円である。最も低い第1段階は1,804円，最も高い第9段階は1万224円である。9段階は国が示す目安で，一部の自治体ではすでに高額所得者に高い保険料を設定している。

　ちなみに東京都内23区を見ると，最も高いのが港区6,245円，安いのは荒川区5662円である。荒川区では，「ころばん体操」で，保険料の引き下げに成功している事例が紹介されている。荒川ころばん体操とは，荒川区と首都大学東京（現　東京都立大学）が共同開発したオリジナルの転倒予防体操である。そして，地区のボランティアリーダーによる協力を得て，現在では区内公共施設等26カ所で週1，2回実施している。4か月続けると足腰に筋力がつき，転倒率が全国平均と比べて半分になるなど，効果が実感されている。いわゆるフレイル予防の成果であるといえる。

　ここから見えてくるのは，当初の公的介護保険制度の理念であった，①保険料の応益負担原則から応能負担に移行しつつあること，②荒川区の実践のように，どちらかというと介護予防から健康増進のフレイル予防に移行する傾向が見られることである。

　第3に，介護現場の労働環境やAIや介護ロボットの導入の遅れにみられる介護保険制度の構造的な問題が潜んでいる。たとえば，「訪問介護ヘルパーが低賃金で労働条件も劣悪なのは介護保険制度に原因がある」と3人の女性ヘルパー（70歳，67歳，66歳）が国を相手に起こした国家賠償訴訟の判決が過日（2022年11月1日）に言い渡された，訴えによると，訪問介護を担う大半の登録ヘルパーは，実際にサービスを提供した時間しか賃金が支払われない。移動や待機時間はほぼ無給である。また，利用者突然キャンセルした時の休業手当も出ない。こうした労働基準法違反に対する訴えである。この訴えに対し，国側は「未払い賃金の支払いは事業所の義務。原告は介護保険制度への不満を述べているだけ」と訴えを却下した。3人のヘルパーは，それぞれの介護労働の実情を詳しく述べ，「若者が選ぶ価値ある職業にしなければヘルパーは消滅する」と，介護労働の持続性にかかわる問題であると声を大にして訴えた（『中日新

聞』2022年10月19日）。

介護予防からフレイル予防へ

　介護サービスの質の向上を伴いながら，高齢者ケアの需要増大に応えていくためには，①ケアの高度化，②介護市場の拡大，③介護予防からフレイル予防への健康増進策への積極的な転換を図る必要がある。

　日本の保健医療は世界に誇るべきものである。平均寿命や健康寿命世界一といったアウトカム（成果）を比較的低い医療費で達成してきたことは，国際的に高い評価を得ており，国民の貴重な資産であるとともに日本のブランドである。食文化，食料品，医療制度はもとより，温泉，娯楽，クリーンエネルギー，いたわりなど，ハードからソフトまで様々なコンテンツがこれを支えている。こうした強みをいかせば，日本は高齢社会を乗り切る知恵を生みだすことができる。そのひとつがフレイル予防である。人は年を取ると段々と体の力が弱くなり，外出する機会が減り，病気にならないまでも手助けや介護が必要となってくる。このように心と体の働きが弱くなってきた状態をフレイル（虚弱）と呼ぶ。

　他方，健康寿命の伸長という政策も打ち出されている。健康寿命は，健康上の問題で，日常生活が制限されることなく生活できる期間と定義されるが，実際は，「自立生活ができる（要介護状態ではない）」という意味での「健康寿命」が現実に近い。そうすると介護が必要な期間は，平均で男性1.6年，女性で3.4年にすぎないのであって，健康寿命を伸長することはフレイル予防の試みが不可欠である。

　以下，フレイル予防と地域再生の取り組みを紹介する。

　①　100歳以上の割合が平均の３倍“長寿の街”京丹後市に集まる注目：京都府立医科大学大学院医学研究科循環器内科学の的場聖明教授。京丹後の高齢者は血管年齢が全国平均より若く，80歳以上100歳代でも，60〜70代の若さを保っている。

　②　要介護手前のフレイル予防健診：国立健康・栄養研究所（健栄研，東

京・新宿）は高齢者が要介護となる手前の状態のフレイル予防のため，大阪府摂津市および阪南市で健康診断を始める。筋肉量に着目し，40〜74歳を対象にフレイルとメタボを保健指導するのが特徴である。[13]

③　松本市の「健康」をキーワードに市民のコミュニティづくりからスタートした「松本ヘルス・ラボ」。めざすのは，市民が企業に協力することで生活者視点から新しいヘルスケア産業を創出し，その恩恵を企業が市民に還元することで健康増進を進め，さらには地域の産業振興にもつなげる。会員数は2022年末におよそ5千人に達した。

介護保険制度のトリレンマからの脱出方策

現在，介護サービス費用の大部分は，公的保険でまかなわれている。高齢者も介護保険料を払っているが，給付費の3割は40〜64歳が負担する保険料であり，5割は税金である。現行の介護保険制度が，強制的な国民負担で維持されている現状において，介護市場に将来性はあるのだろうか。しかも国民負担の増加を抑えるために様々な給付抑制策が検討されている。財源が絞られれば，サービスを提供する産業の収益環境は厳しくなる。

財政面からみても，公的介護保険制度には制約があることを認識すべきであろう。その反面，後期高齢者の増加による介護市場は縮小するどころか，供給不足の方が心配となってくる。需要が旺盛なら素直に成長産業と考えてよいのではないか。もちろんサービスの質を保障することは忘れてはならない。

図6-2のように，現行の介護保険制度には，並立できない3つの選択肢がある。これを「介護保険制度のトリレンマ」と呼ぶ。保険者別で比較可能な01〜18年度でみると，全国1571団体のほとんどで給付費は増加している。高齢化の進展が加速する中，膨張し続ける介護給付の負担は地方財政のリスクとなる。持続可能な制度にするために抑制の工夫が求められている。

トリレンマとは，2008年のリーマンショック後に欧州の学者，ディルク・ションマーカ（Dirk Schomark）氏が提唱した理論である。世界金融の息苦しい現状を読み解く手掛かりとして「金融のトリレンマ」と名付けられた。①金

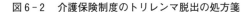

図6-2　介護保険制度のトリレンマ脱出の処方箋

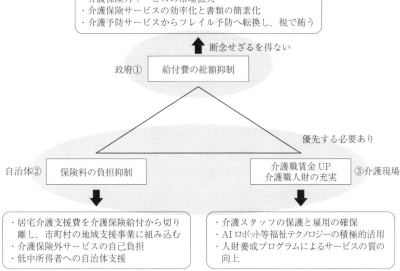

出所：筆者作成。

融システムの安定，②国内の関連政策，③国際的な金融ビジネス——の3つは同時に成り立たないという悩ましさを表す考え方として提唱された。

　このトリレンマ理論を援用すると，介護保険制度の持続政策をとる際には，①給付費の総額抑制，②保険料の負担抑制，③介護職の賃金 UP と人手不足の解消のうち，必ずどれか一つを諦めねばならない。現在では，①と②が優先されがちとなっている。そうすると，必然的に③の介護職の賃金 UP を諦めなければならなくなる。このため介護職人財があつまらないという，負のスパイラルに陥っている状況が，介護現場を縛っている。さらに，近年のコロナ禍や円安動向で外国人労働者も集まらず，介護現場はさらに厳しい状況に追い込まれている。では，トリレンマからの脱出の方策はどうすればよいのであろうか。

　そこで，トリレンマ論を応用すると，①公的介護保険の給付費の総額抑制，を諦め，②保険料の負担抑制，と③介護職賃金の UP，介護職人財の充実，ケ

アの高度化，を優先させるという方策が筆者の提案である。

　すなわち，①の方策では，介護保険外サービスの市場拡大を図り，介護保険サービスの効率化と書類の簡素化，介護予防サービスからフレイル予防へ転換し，介護予防サービス費用の削減分を高齢者福祉計画の健康促進に振り向け，一般財源の支出で賄ってはどうだろうか。

　次に，優先する②で，自治体の第1号被保険者（65歳以上）の保険料負担を抑えることである。前述したように，厚生労働省は65歳以上で所得が多い人の介護保険料を引き上げる方向で検討に入るといった応能負担に舵を切ろうとしている。そうすると自治体の取る方策は，居宅介護支援費を介護保険給付から切り離し，市町村の地域支援事業に組み込み，介護保険外サービスの自己負担部分を拡大し，低中所得者への自治体支援を強めていくという選択もあり得るだろう。

　そして，③の介護職賃金 UP と介護職人財の充実の方策では，介護職の低賃金構造を脱する賃金 UP のためにも，介護職の雇用の確保，AI・ロボット等介護現場のデジタル化を進め，人財養成プログラムによるサービスの質（ケアの高度化）の向上を図ることを急がねばならない。

4　地域包括ケアの社会実装をめざして

デンマークの地域包括ケアシステム

　最終節では，日本の地域包括ケア（システムかネットワークのいずれにしても）を，さらに重層的支援体制整備事業という枠組みで箍（タガ）をはめることを提唱する。

　デンマークの地方自治体は，新たな自治体経営の手法を取り入れ，地域経営や産業振興で成果を上げている。自治体改革の目的は，様々な課題を，市民により近いところで効率的に解決する「より強く，持続可能な自治体」の創造にある。「高福祉高負担」型福祉国家の骨格を堅持するデンマークであるが，今後，高齢者人口の増加による自治体の社会保障費の増大は避けられない。人口

３万人以上に再編された自治体は，社会サービス法で定められた広範な住民
サービスを担当することになる。

　さらに，グローバル経済の影響による地域間競争の激化がある。ブランド化
によって他地域との差別化を図ることで，ヒト・モノ・カネを誘引し，地域の
競争力を高めようというのである。デンマークも例外ではなく，デンマーク国
内の自治体の多くが，地域イメージのブランド化に積極的に取り組んでいる。
スヴェンボー市は，こうしたデンマークにおける地方自治体改編の福祉・介護
サービスのデリバリーシステムを地域ブランドとして開発し，自治体独自でデ
リバリーシステムの研修プログラム（たとえば，認知症高齢者ケア・コーディ
ネート）を作成し，研修費を自治体収入の中に取り入れている。

　このようにデンマークの地域包括ケアがシステム化されている根拠には，第
一に，デンマークの国民負担率は，国民所得比で65.4％（2017年）であること
があげられる。他方，日本は43.3％（2017年）にしか過ぎない。デンマーク政
府と地方自治体は，この高い国民負担率の権利と義務を果たすべくケアの高度
化に努めているのだといえよう。また，地方自治を担う市民社会は，第一に，
高齢者や当事者が直接参加する高齢者委員会が政策や予算に対する請求権を有
している，第二に，実効力の伴った社会サービス法と住宅法の整備である，第
三は，ケアの高度化を実現する教育プログラムが普及していることなどの条件
が整備されていることに留意する必要がある。

　デンマークにおける施設と在宅の統合化は，主として以下のような法律で進
展している。①1987年高齢者・障害者住宅法（高齢者や障害者の住宅に関する基
準の明確化），②1988年プライエム新規建設の禁止，③1996年改正高齢者住宅
法（虚弱高齢者の行き場がなくなりプライエボーリ登場。現在改築30％程度。プラ
イエム，プライエボーリ，保護住宅，高齢者住宅，コレクティブ住宅，グループ
ホーム等）④1998年社会サービス法（「施設」という概念廃止）である。

　したがって，デンマークの高齢者福祉政策の分岐は，1987年の高齢者・障害
者住宅法に始まる。この法律は，高齢者施設や住宅の建築基準を策定し，プラ
イエムの新規建設を禁止した。そして，プライエムからプライエボーリへ，高

図6-3　デンマークの地域包括ケアシステムの構図

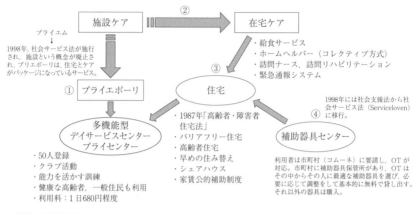

出所：筆者作成。

齢者住宅と在宅ケアを一端分離し，居住型施設への転換が図られた。

　その特徴は，施設サービスの画一的サービスから一人ひとりの居住者のニーズへ，プライエボーリの登場（1996年改正高齢者住宅法），ケア固定型からケア分離型へ（住宅政策の主流化），地域内での居住移動（早目の引越し），第3の類型（地域拠点型総合施設，小規模多機能型施設）にまとめられる。

デンマークの施設ケアと在宅ケアの統合化

　デンマークの福祉・介護サービスのデリバリーシステムの特徴は，徹底した地方分権と住民や当事者参加で運営されていることである。国と地方自治体のガバナンスのもとで，デンマークにおける施設ケアと在宅ケアの統合化が進められている。その統合には，**図6-3**に示すように大きく3つの流れがみられる。

　第一の流れは，1996年以前の高齢者福祉施設の主流であったプライエム型からプライエボーリ型への移行であり，そしてプライエボーリ型施設に併設される多機能デイサービスセンターである。

　第二の流れは，施設福祉から在宅ケアの流れであり，次の4つが在宅ケアの

主要なサービスとして提供されている。①給食サービス，②ホームヘルパー（コレクティブ方式，いわゆる地区担当制）③訪問ナース，訪問リハビリテーション，④緊急通報システムである。

　そして第三の流れが住宅政策（バリアフリー住宅，老人住宅，家賃公的補助制度等）の主流化である。こうした政策の特徴は3つある。①高齢者や障害者の住宅を拠点にそこに在宅ケアサービスを提供すること，②補助器具センターから高齢者や障害者個々人と住宅に見合った補助器具が無料あるいは低料金で提供されること，③高齢者や障害者が自分の住みなれた住宅から同じ居住区にあるプライエボーリや多機能型デイサービスセンターを利用できること，である。これらデンマークの施設住宅化の流れが，わが国の最近の地域包括ケアの動向に大きく影響しているといえる。

地域包括ケアシステムから生活困窮者自立支援事業への進展

　日本におけるデンマークの社会サービス法に類似する政策は，厚生労働省の「新たな時代に対応した福祉の提供ビジョン」（2015年9月17日）にみられると考える。その中では，「地域住民の参画と協働により，誰もが支え合う共生社会の実現」をめざして，4つの改革の方向を提示している。その構成は，以下のI〜IVにまとめることができる。

　I　包括的な相談から見立て，支援調整の組み立て＋資源開発（ワンストップ型・連携強化型による対応，地域をフィールドに保健福祉・雇用・農業・教育など異分野とも連携。

　II　高齢，障害，児童等への総合的な支援の提供（多世代交流・多機能型の福祉拠点の整備推進，Iを通じた総合的な支援の提供）。

　III　効果的・効率的なサービス提供のための生産性向上（先進的な技術等を用いたサービス提供手法の効率化，業務の流れの見直しなど効率的なサービスの促進，人財の機能分化など良質で効果的なサービスの促進）。

　IV　総合的な人財の育成・確保（Iを可能にするコーディネート人財の育成，福祉分野横断的な研修の実施，人財の移動促進。

現在，ソーシャルワーカーの仕事は，それぞれの福祉機関や施設に所属しながら，それぞれの法律や制度に基づく「子ども」「高齢者」「障害者」「女性」「生活保護受給者」といったカテゴリで支援の対象者を規定している。それゆえ，その機関や施設が定める対象者カテゴリにはっきりと該当しない生活困窮者は支援を受けることができないという事態に陥っていた。また該当していたとしても支援を必要とする生活困窮者が複数の課題を抱えていた場合，一つの機関や施設ではそのうちの一部にしか対応することができず，根本的な解決に至らないことが多い。

ここに生じるのが，いわゆる「制度の狭間」問題である。自立相談支援事業は，生活困窮者からの相談に早期かつ包括的に応ずる相談窓口となり，ここでは生活困窮者の抱えている生活課題全般を適切に評価・分析（アセスメント）し，その課題を踏まえた「自立支援プラン」を作成するなどの支援を行う。関係機関および多職種専門職の連携に基づくスーパービジョンの体制づくりが急がれる。

包括的相談支援体制の確立を

包括的相談支援体制の確立のプロセスには，総合相談窓口の設置が前提となる。筆者は以前，①個別の事象→②個別問題の解決→③問題の共有化→④政策と実践→⑤専門職の連携→⑥地域包括ケアシステムへというソーシャルワーク援助の展開過程を「個別援助から地域支援へ」と命名した。(14)

ここで個別援助としたのは，このプロセスで取り上げる個別ケースには多問題家族や複合的問題を抱えた世帯へのソーシャルワーク援助の対応に，焦点を当てる必要があるからである。こうしたソーシャルワークの個別援助から地域支援への流れで重要なことは，下記の二つである。

① 当事者や家族，地域が抱える課題の性格は従来の対象領域を残しながら複合化し，新たな対象領域へと拡大していること

② いずれの事例も，もはや単一の機関や施設で対応できる状況ではなくなっており，多くの事例で他機関・多職種との「つながり」，「ネットワーク」

など連携のシステムが必要不可欠の要素となっていること

　さらに厚生労働省は，「我が事・丸ごと」地域共生社会実現本部を立ち上げ（2016年7月15日），「地域包括ケアの深化・地域共生社会の実現」の指針を示した。その中では，①「支え手側」と「受け手側」に分かれるのではなく，②「他人事」になりがちな地域づくりを地域住民が「我が事」として主体的に取り組み，③対象者ごとに整備された「縦割り」の公的福祉サービスを「丸ごと」の総合相談支援の体制整備を進め，④公的な福祉サービスと協働して助け合いながら暮らすことのできる「地域共生社会」の実現を提唱している。

　社会的に弱い立場の人々（バルネラビリティ）に地域での生活を支えていくには，小地域のケアサポートネットワークを形成し，家族や近隣・友人によるインフォーマルな助け合いのネットワークを作っていく必要がある。また，事業所間の専門職によるネットワークを形成し，高齢者や障害をもつ人，また子どもへの支援を包括的に提供する体制を整えていくことも重要である。したがって，これまで，バラバラに設置されていた地域包括支援センター，生活困窮者総合相談センター，児童虐待防止センター，障害者就労支援センターなどに，それぞれ配置されていた社会福祉専門職（社会福祉士や精神保健福祉士，認定社会福祉士）を統括する「丸ごと相談室」には，統合された社会福祉援助方法論を習得したジェネラル・ソーシャルワーカーの配置が必須である。また，多様な医療・福祉・介護等の専門職をつなぐ多職種連携の共通ツールの開発がどうしても必要とならざるを得ない。

　以上の指針に基づいて各自治体の総合相談窓口におけるワンストップサービスの実現には，ソーシャルワーク機能の充実を図るためにソーシャルワーカー（有資格）を配置し，個別事例ごとに継続的に支援するというしくみを作っていくことが求められる。このことは，「我が事・丸ごと」地域共生社会実現本部の「地域包括ケアの深化・地域共生社会の実現」の指針の中で強調されている，対象者ごとに整備された「縦割り」の公的福祉サービスを「丸ごと」の総合相談支援の体制整備を進めるという組織体制づくりに通じることである。

　たとえば，①地域包括支援センターを拠点とした総合相談室の設置，②専門

別ソーシャルワーカーの多職種連携による事例管理とその解決方策，③「丸ごと相談室」における専門職チームの編成などの機構改革，が必要とされる。

いま，各地で展開されている地域包括ケアとは，①医療や介護のみならず，福祉サービスを含めた様々な生活支援サービスが日常生活の場（日常生活圏域）で用意されていること，②同時に，サービスがバラバラに提供されるのではなく，包括的・継続的に提供できるような地域での体制（地域包括ケア）づくり，③日常生活圏域（30分でかけつけられる圏域。具体的には，人口約1万人の中学校程度の範囲であること）が目安とされている。

重層的支援体制整備事業

ここまで地域包括ケアには，政府と自治体や社会福祉協議会，民間事業所や社会福祉法人といった施設や機関が，それぞれの価値観と役割の範囲内において取り組んできた。そこには，それぞれの機関や施設，専門職間のネットワークは存在するかもしれないが，システムとして作動しているとは言い難い。そこで，地域包括ケアのネットワークであれ，システムであれ，それらを束ねるために出されたのが重層的支援体制整備事業（以下，本事業）である。本事業の根拠法は，地域包括ケアシステムの強化のための介護保険法等の一部を改正する法律（平成29年法律第52号）による社会福祉法（昭和26年法律第45号）の一部改正として位置付けられている。そして，包括的な支援体制を整備することが市町村の努力義務とされた（平成30年4月1日施行）。

また，市町村においては，地域共生社会の実現に向けた包括的支援体制構築事業（「モデル事業」）も活用しながら，包括的な支援体制の整備が進行中である。そして，重層的支援体制整備事業の枠組みとそのコンテンツは，以下Ⅰ～Ⅲのようになる。

Ⅰ　相談支援（専門職の担い手：主として社会福祉士，仕事の内容：断らない相談窓口，ワンストップ，専門職の多職種連携，専門職チームの編成，アウトリーチ型支援）

Ⅱ　参加支援（専門職の担い手：主として生活支援（地域福祉）コーディネー

図6-4　包括的支援体制のイメージ

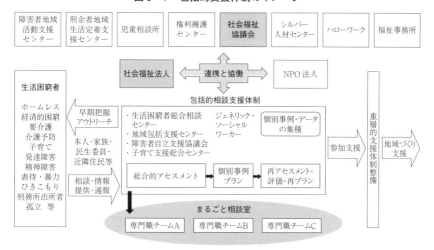

出所：厚生労働省（2012）「生活支援戦略」をもとに筆者作成。原型の図は，野口定久（2016）
　　　『人口減少社会の地域福祉』ミネルヴァ書房，311に所収。

ター，仕事の内容：当事者，市民の参加，ボランティア活動の促進，就労支援・見
守り支援，市民活動協議体の組織化と運営）

　Ⅲ　地域づくりに向けた支援（専門職の担い手：主としてコミュニティ・ソー
シャルワーカー，仕事の内容：個人や世帯と地域活動を結び付ける，誰も排除しな
い福祉コミュニティの形成，地域資源・人財の活用）

　本事業の中核的位置づけは，包括的相談支援体制である。**図6-4**の真ん中
にある包括相談支援体制の箱の中には，①これまで地域内にバラバラに展開さ
れていた生活困窮者総合相談センター，地域包括支援センター，障害者自立支
援協議会，子育て支援総合センターなどが包括的にまとめられることになる。
そして，そこに所属する社会福祉専門職が連携しやすい環境を日常的に作るこ
とができるようになる。

　そして，②そこに配置されるソーシャルワーカーは，様々な問題をアセスメ
ントできるジェネリックなソーシャルワーカーの配置が必要となる。③それぞ
れの専門分野のソーシャルワーカーがインターネットのオンラインを活用して

困難ケースごとに専門職チームを形成することは可能ではないだろうか。ソーシャルワーカーたちのオンラインでの専門職カンファレンスの費用は，自治体の支援金で賄うことも必要となるであろう。

　デンマークの「ケアの高度化」と高齢者ケアシステムの経験に学び，日本の福祉・介護現場の人財育成と確保，そして AI・デジタル化を「ケアの高度化」の教育プログラムに応用していく残された時間の猶予は，福祉・介護現場にあまりないことを最後に述べて執筆を終えることにする。

注

(1)　厚生労働省（2015）「2025年に向けた介護人材にかかる需給推計（確定値）について」.

(2)　厚生労働省社会・援護局福祉基盤課福祉人財確保対策室（2019）「福祉・介護人財の確保に向けた取組について」2019年 9 月 6 日.

(3)　厚生労働省・社会保障審議会福祉部会福祉人財確保専門委員会（2015）「2025年に向けた介護人財の確保〜量と質の好循環の確立に向けて」2015年 2 月25日.

(4)　全国 8 万6000人超の介護職で組織される労働組合「UA ゼンセン日本介護クラフトユニオン（NCCU）」が給与水準の動向などを探る調査（NCCU の組合員を対象に2021年 8 月から10月にかけて実施）の最新の結果を公表。

(5)　酒井穣（2017）「『介護先進国』デンマークから日本が学べること」『KAIGO LAB』Vol.70.

(6)　遠藤健（2022）「日本の介護をサステナブルに」『日本経済新聞』2022年10月24日.

(7)　厚生労働省（2019）「介護現場革新会議基本方針——介護職員と介護サービス利用者のための『介護現場革新プラン』」2019年 3 月28日公表　（000494186.pdf（https://mhlw.go.jp/stf/shingi2/0000198094_00016.html）.

(8)　財団法人介護労働安定公益財団法人介護労働安定センター（2019）「令和元年度介護労働実態調査 事業所における介護労働実態調査 結果報告書」.

(9)　須藤修（2021）「行政デジタル化の論点（下）　IT 人財，民への偏在正せ」『日本経済新聞』2021年 5 月31日.

(10)　1998年社会サービス法（The Social Services　Act）（https://danskelove.dk/

serviceloven?fbclid=IwAR28ryERKDMZPc1395A7XVvfwUXg9SZJnFx_
TDXOd1CCxzS1CQr1SbGZVzQ(2020)).

(11)　藤原正彦（2022）『日本人の真価』文春新書，14-18.

(12)　*"The economics of artificial intelligence: Implications for the future of work"*
Copyright © International Labor Organization 2018 First published 2018.

(13)　「大阪府摂津市および阪南市における働く世代からのフレイル該当割合ならび
にその関連要因」『日本公衆衛生雑誌』（J-STAGE　早期公開）10.

(14)　野口定久編集代表（2014）『ソーシャルワーク事例研究の理論と実際——個別
援助から地域包括ケアシステムの構築へ』中央法規出版，5.

索　引

著者紹介（執筆順，＊は編著者）

野口　典子（のぐち　のりこ）
　　［第1・2章］
　　現　在　中京大学社会科学研究所特任研究員。中京大学名誉教授。博士（社会福祉学）。
　　主　著　野口典子編著（2013）『デンマークの選択・日本への視座』中央法規出版.
　　　　　　野口典子（2019）「福祉・介護専門職の養成——ケアの高度化への挑戦」斎藤
　　　　　　弥生・石黒暢編著『新世界の社会福祉　3北欧』旬報社，270-286.

＊汲田　千賀子（くみた　ちかこ）
　　［第3・4・5章］
　　編著者紹介参照

野口　定久（のぐち　さだひさ）
　　［第6章］
　　現　在　佐久大学人間福祉学部教授。日本福祉大学名誉教授。博士（社会福祉学）。
　　主　著　野口定久（2016）『人口減少時代の地域福祉——グローバリズムとローカリズ
　　　　　　ム』ミネルヴァ書房.
　　　　　　野口定久（2018）『ゼミナール　地域福祉学——図解でわかる理論と実践』中央
　　　　　　法規出版.

《編著者紹介》

汲田　千賀子（くみた　ちかこ）
2014年　日本福祉大学大学院福祉社会開発研究科社会福祉学専攻博士課程修了。
現　在　同朋大学社会福祉学部准教授。博士（社会福祉学）。
主　著　汲田千賀子（2016）『認知症ケアにおけるデリバリースーパービジョン
　　　　──デンマークにおける導入と展開から』中央法規出版.
　　　　野村豊子・汲田千賀子・照井孫久編著（2019）『高齢者ケアにおけるスー
　　　　パービジョン実践──スーパーバイジー・スーパーバイザーの育成のため
　　　　に』ワールドプランニング.
　　　　汲田千賀子・伊藤美智予・田中康雄・立花直樹編著（2023）『介護概論
　　　　（最新・はじめて学ぶ社会福祉22)』ミネルヴァ書房.

Horitsu Bunka Sha

デンマーク発　高齢者ケアへの挑戦
──ケアの高度化と人財養成

2023年 6 月15日　初版第 1 刷発行

編著者　　汲田千賀子

発行者　　畑　　光

発行所　　株式会社 法律文化社

〒603-8053
京都市北区上賀茂岩ヶ垣内町71
電話 075(791)7131 FAX 075(721)8400
https://www.hou-bun.com/

編集：㈱にこん社
印刷：中村印刷㈱／製本：㈲坂井製本所
装幀：仁井谷伴子
ISBN 978-4-589-04277-4

香山芳範著

成年後見制度の社会化に向けたソーシャルワーク実践
―判断能力が不十分な人の自立を目指す社会福祉協議会の取り組み―
A5判・114頁・2200円

明石市社会福祉協議会の具体的事例を通して，成年後見制度の社会化に向けた社協の役割を考察した理論と実践の書。市民の主体性を育むことで制度の利用と担い手の広がりを図っていくことの重要性も提起する。

河合克義・清水正美・中野いずみ・平岡 毅編

高齢者の生活困難と養護老人ホーム
―尊厳と人権を守るために―
A5判・206頁・2750円

低所得で複雑な生活困難を抱える高齢者が増えるなかで，養護老人ホームの役割は大きくなっている。研究者，施設・自治体職員が現代のホームの実像をリアルかつ立体的に描き，高齢者福祉のあり方を問う。

倉田康路・滝口真監修／
高齢者虐待防止ネットワークさが編著

高 齢 者 虐 待 を 防 げ
―家庭・施設・地域での取り組み―
A5判・184頁・2420円

高齢者介護にかかわってきた家族や介護従事者，民生委員など当事者への調査をもとに，高齢者虐待の実態と課題を明らかにする。虐待防止・発見のための各人の役割や手だてを提示し，地域ネットワーク構築の重要性を説く。

中山慎吾著

認知症高齢者と介護者支援
A5判・192頁・3080円

アメリカの研究と実践から日本の介護者支援を考える。様々な教育プログラムと実践報告を掲載し，介護者の心身の健康維持と認知症ケアを具体的に学ぶ。コミュニティ活動から支援のための社会的な仕組みづくりへの示唆を得る。

竹本与志人著〔社会福祉研究叢書1〕

認知症のある人への経済支援
―介護支援専門員への期待―
A5判・206頁・4950円

経済的理由で在宅療養のための様々なサービスを自ら利用制限する事例が少なくないが，これは社会保障制度の活用で解決が期待できる。本書は現場で支援するケアマネを対象に，認知症のある人の経済問題の実態と経済支援の対応を可視化し課題解消の方途を検討する。

木村容子・小原眞知子編著

ソーシャルワーク論 I
―基盤と専門職―
B5判・214頁・2860円

社会福祉士・精神保健福祉士養成課程の共通科目「ソーシャルワークの基盤と専門職」の基本テキスト。社会に求められる専門職としてのソーシャルワーカー養成を目指して，ジェネラリストソーシャルワークの視点から，体系的に理解できるよう構成。

―――――法律文化社―――――